Gila Delbrück

Quanten sprünge

Wie C♡M Ihr Leben verändern kann
20 Quantenspringer erzählen

RUTSCHBAHN
Verlag

MIX
Papier
FSC FSC® C083411

Bibliografische Information der Deutschen Bibliothek

Die Deutsche Bibliothek verzeichnet diese Publikation
in der Deutschen Nationalbibliografie; detaillierte bibliografische Daten
sind im Internet unter http://dnb.ddb.de abrufbar.

1. Auflage

Umschlaggestaltung: Petra Wehling, platzfuenf.de
Umschlagmotiv: Serena Goldenbaum, serenagoldenbaum-beauty.de
Fotos: Michael Goldenbaum, michaelgoldenbaum.de
Ornament: Freepik.com
Satz: Petra Wehling, platzfuenf.de
Druck und Bindung: CPI Books, Leck
Printed in Germany 2015

ISBN 978-3-9816189-2-1

Für Harry, die Liebe meines Lebens

INHALT

Liebe Leserinnen und Leser,

als Gila mich gefragt hat, ob ich Lust hätte, für ihr neues Buch ein Vorwort zu schreiben, habe ich mich sehr gefreut. Denn ich liebe Erfolgsgeschichten! Ich selbst darf tagtäglich welche erleben; auf Erlebnisabenden, Seminaren und in meinem privaten Umfeld. Aber leider fehlt mir meist die Zeit, um sie alle aufzuschreiben. Was für einen dicken Wälzer das wohl geben würde?!

Für alle, die noch nie etwas von der Chinesischen Quantum Methode, kurz CQM, gehört haben oder nicht genau wissen, was das ist: CQM ist eine mentale Methode, mit der jeder Mensch alte Glaubenssätze, negative Gedankenmuster, Blockaden oder Traumata aufspüren und auflösen kann. Denn die „lauern" meist im Unbewussten und hindern uns daran, das Leben zu führen, das wir führen wollen.

Erst wenn wir sie - bei CQM sagen wir - „korrigiert" haben, kommt das Leben wieder in Fluss und läuft in die richtige Richtung. Beim Autofahren ist es genauso. Sie lösen ja auch erst die Bremse und schalten das Navi ein, wenn Sie ohne „Reibungsverluste" und so schnell wie möglich ans Ziel wollen.

Wie das funktioniert? Ganz einfach: mit angstfreien und klaren Gedanken. Tausende von CQM-Anwendern berichten von den positiven Veränderungen, die ihrem Leben Sinn und Erfüllung gegeben haben durch die Nutzung von eindeutigen Gedanken. Als ich die Chinesische Quantum Methode entwickelte, hatte ich selbst eine lange - gedankliche - Reise hinter mir. Und eine lange Suche. Denn tief im Inneren wusste ich, dass es eine Methode geben musste, mit der jeder Mensch sein Leben nachhaltig verändern und zum Besseren wenden kann. Aber auch ich habe mir nicht im mindesten träumen lassen, welche Lawine ich damit lostreten würde.

Mein erstes CQM-Seminar gab ich - gerade auf Familienbesuch in Deutschland – in Frankfurt. Und es war wirklich, wie wenn man oben auf dem Berg einen Schneeball lostritt, der weiteren Schnee mitreißt. Und das im wahrsten Sinne des Wortes!

Mittlerweile ist das Interesse an der Chinesischen Quantum Methode so groß, dass ich das ganze Jahr „in Sachen CQM" unterwegs bin. Und es ist ein wunderbares Gefühl, zurück zu blicken und zu sehen, wie sich alles entwickelt hat. Gila erlebt das mittlerweile sicher ähnlich. Sie ist einer meiner frühen „Schneebälle".

Viele Anwender können sich kaum noch daran erinnern, wie es „früher" war – ohne CQM. Den meisten geht die Methode so in Fleisch und Blut über, dass sie sich nur schwer vorstellen können, wie sie ohne sie im Leben sicher und scheinbar mühelos vorankommen sollen.
Damit wir uns nicht falsch verstehen: CQM löst nicht auf einen Schlag alle Ihre Probleme und macht Sie ganz plötzlich reich und schön. Aber es kann Sie glücklich, erfolgreich und gesund machen. Es muss nicht immer die furchtbare Krankheit sein, die unser Leben bedroht und uns in Verzweiflung stürzen kann. So wie jeder Mensch seine eigenen, ganz persönlichen „Hindernisse" hat, hat auch jeder seine eigenen Bedürfnisse, Wünsche und Ziele, damit sich die Lebenslust (wieder) einstellt. Auch ohne die große Wunderheilung oder das große Geld!

Was mich an Gilas Arbeit besonders freut: Fast alle Menschen im Interview waren so begeistert von CQM, so von Glück erfüllt über ihre eigene wunderbare „Verwandlung“, dass sie sich dafür entschieden haben, CQM auch anderen Menschen näher zu bringen. Viele haben sich dadurch aus einem ungeliebten Beruf befreien können und eine echte Be-Rufung gefunden. Und damit haben sie sich nicht nur ihre eigenen Träume erfüllt, sondern helfen auch dabei, meinen eigenen Traum zu verwirklichen. Denn ich wünsche mir in jedem Haus und in jeder Familie (mindestens) einen Menschen, der CQM anwenden kann. Wie unser Leben dann wohl aussehen wird?

Danke Gila, dass du Teil dieser Lawine bist und so viele neue Schneebälle in unsere Welt entlässt!

Ihnen, liebe Leser und Leserinnen, wünsche ich viel Spaß beim Schmökern in diesem Buch. Und vielleicht bekommen Sie ja Lust, auch ein „Quantenspringer“ zu werden?!

Ihre Gabriele Eckert

Begründerin der Chinesischen Quantum Methode (CQM)

Du kannst alles erreichen, was Du Dir vornimmst.
Du hast die innere Fähigkeit,
das zu werden, was Du willst -
Du hast die Energie,
das zu tun, was Du willst.
Denk Dich in die Lage hinein,
in der Du das sein und das tun kannst,
was Du als erstrebenswert erachtest
und versuche, Deinen Träumen jeden Tag
etwas näher zu kommen.
Und erscheint es manchmal auch sehr schwierig
weiterzumachen,
halte trotzdem an Deinem Traum fest.
Eines Tages wirst Du erwachen
und sehen, dass Du das bist und das tust,
was Du erträumt hast -
einfach deshalb, weil Du den Mut hattest,
an Deine Fähigkeit zu glauben
und an Deinem Traum festzuhalten.

Donna Levine

Dieser Text stand auf einer Glückwunschkarte meiner Mutter zu meinem 35. Geburtstag. Die Zeilen haben mich über viele Jahre begleitet und mir immer wieder Mut gemacht, meinem Weg zu folgen. Um diese Worte veröffentlichen zu dürfen, habe ich mich auf die Suche nach Donna Levine gemacht und von ihr die Erlaubnis bekommen, ihre Worte hier weiterzugeben.

EIN QUANTENSPRUNG - WAS IST DENN DAS?

Ein Quantensprung ist – laut Duden – „ein durch eine neue Idee, Entdeckung, Erfindung, Erkenntnis o. Ä. ermöglichter Fortschritt, der eine Entwicklung innerhalb kürzester Zeit ein sehr großes Stück voranbringt“. Dieser Begriff ist also eine Metapher für eine überraschende und schnelle positive Veränderung.

Einen solchen Quantensprung haben die Menschen gemacht, deren Lebensgeschichten ich Ihnen in diesem Buch erzähle. Diese Menschen sind tatsächlich innerhalb kürzester Zeit ein großes Stück vorangekommen und Sie, liebe Leserin und lieber Leser, werden in diesem Buch erfahren, wie diese Menschen das gemacht haben. Diese Schilderungen sind sehr persönlich und dadurch berührend, inspirierend und motivierend, sie machen vor allem Mut, geben Hoffnung und auch praktische Tipps, wie auch Sie Ihre Lebensqualität enorm verbessern können.

Grundlage dieses Buches sind meine Interviews mit Männern und Frauen unterschiedlichsten Alters, aus verschiedensten beruflichen Bereichen und mit ganz individuellen persönlichen Schicksalen, Herausforderungen und Zielen. Viele von ihnen sind in Krisen - und Konfliktsituationen zu mir in meine Coachingpraxis gekommen und haben Unterstützung gesucht in Trennungs- oder Trauerphasen, Beziehungskonflikten oder bei beruflichen Herausforderungen, manche von ihnen auch mit psychosomatischen körperlichen Symptomen, Ängsten, Selbstzweifeln oder Sinnkrisen. Einige von ihnen haben zum allerersten Mal in ihrem Leben über Dinge gesprochen, die sie noch mit niemandem geteilt hatten - Geschichten voller Scham, Wut, Entsetzen und Hilflosigkeit. Andere hatten einfach den Wunsch, dass alles ein bisschen leichter gehen und sich besser anfühlen sollte, als es gerade der Fall war. Gemeinsam haben wir nach Ursachen und Verhinderungsmechanismen gesucht, Blickwinkel und Überzeugungen hinterfragt, traumatische Situationen und ungelöste Konflikte bearbeitet und auch neue Ziele oder ganz praktische Lösungen gefunden.

Was alle Protagonisten verbindet, ist die Arbeit mit der Chinesischen Quantum Methode (CQM), die ich seit vielen Jahren in meiner Praxis anwende und die auch einige dieser Menschen selbst gelernt und dann auch im Austausch mit Kollegen genutzt haben. Die unbegrenzte Einsatzmöglichkeit von CQM auf alle nur denkbaren Themen, Herausforderungen und Ziele lässt die Anwender nämlich oft Quantensprünge in der eigenen Persönlichkeitsentwicklung machen. CQM macht Menschen zu „Quantenspringern"!

Ich zähle mich selbst auch dazu. Als ich von CQM erfuhr, war ich am Ende meiner Weisheit. Damals fühlte sich mein Leben an, als würde ich einen großen, schweren Rucksack mit mir herumtragen. Das Leben war anstrengend, es gab viele Konflikte innerhalb der Familie und ich war beruflich in einem Hamsterrad, aus dem es keinen Ausweg zu geben schien. Als hätte sich eine dunkle Wolke über mich gelegt, hatte ich mein Lachen und alle Leichtigkeit verloren, und auch mein Körper hatte auf diesen Stress reagiert. Ärzte hatten mir zwei Jahre zuvor einen Tumor im Kopf entfernt. Seit dieser Operation litt ich unter heftigsten, wandernden Kopfschmerzen und hatte viele Ärzte und Heilpraktiker aufgesucht, um diese Pein wieder los zu werden. Niemand schien eine rettende Idee zu haben, ich erlebte überall nur ratloses Schulterzucken, denn es gab keinen erkennbaren medizinischen Grund für meine Schmerzen. Ich hielt mir meinen dröhnenden Kopf weiterhin mit beiden Händen – immer in der Hoffnung, den Zustand irgendwie zu lindern. Zeitweise konnte ich kaum noch klar denken und jegliche Aktivität verschlimmerte meinen Zustand. Hinzu kam ein chronischer Husten mit Erstickungsanfällen, oft auch in der Öffentlichkeit. Und während mich fremde, aufgeregte Menschen dabei beobachteten, wie ich um Luft rang, hatte ich oft wirklich Angst, den Anfall nicht zu überleben. Meine Familie litt mit mir, konnte aber nur hilflos zusehen. Als ein Lungenfacharzt mir dann eines Tages prognostizierte, dass ich einige Monate später mit einem tragbaren Sauerstoffgerät unterwegs sein würde, schickte ich ein Stoßgebet gen Himmel: „Hallo, Ihr da oben! So hab ich mir mein Leben nicht vorgestellt! Wer auch immer da oben für mich zuständig ist – ich brauche eine Information darüber, ob es etwas gibt, das mir helfen könnte!"

Dann wartete ich auf Antwort.

Zwei Wochen später erzählte mir im Urlaub jemand von „dieser ganz neuen Methode – sie heißt CQM oder so". Sollte das die erwartete Rückmeldung sein? Zurück zu Hause, googelte ich den Begriff und stellte fest, dass schon drei Tage später Gabriele Eckert auf dem damals allerersten CQM-Erlebnisabend in Hamburg diese Methode vorstellen würde. Ich meldete mich sofort dazu an.

Nachdem ich sah, was sich an diesem Erlebnisabend bei den freiwilligen Testpersonen auf der Bühne alles veränderte, war ich mir völlig sicher: „Das ist die Information, auf die ich gewartet hatte!“ Schon eine Woche später fuhr ich zum CQM Seminar, eigentlich nur, um „meine Schmerzen“ und „meinen Husten“ endlich loszuwerden. Ich ahnte nicht, dass damit meine ganz persönliche Reise zu mir selbst beginnen würde. Mir war damals noch nicht so deutlich bewusst wie heute, dass sich hinter diesen körperlichen Symptomen natürlich Dinge verbargen, die endlich ans Licht wollten. Alte Verletzungen, traumatische Ereignisse, aber vor allem auch nicht genutztes Potenzial und viele ungelebte Träume machten mit den Symptomen deutlich auf sich aufmerksam. Niemals hätte ich mir damals auch nur im Entferntesten vorstellen können, welch wundervolle Möglichkeiten nun vor mir lagen und was dabei herauskommen würde! Ich übertreibe nicht, wenn ich sage, dass damals an diesem Seminarwochenende ein zweites Leben für mich begonnen hat.

Ich habe dank CQM das Hamsterrad verlassen und aufgehört, Dinge zu tun, die ich eigentlich nicht tun wollte, was ich mir aber nie eingestanden hatte. Ich habe mich durch diese Methode selbst neu entdeckt, bin heute vollkommen gesund und schmerzfrei - und mache tatsächlich nur noch das, was mir Freude macht und meinen Talenten und meiner Berufung entspricht – und das auch mit dem gewünschten Erfolg. Aus eigener Erfahrung weiß ich heute, dass ich mein Leben selbst so gestalten kann, wie es für mich einfach perfekt ist. Es ist erfüllt mit Begegnungen und Erlebnissen, die mich reich machen und ich kann jeden Tag so leben, wie ich es will. Wünschen Sie sich nicht auch, jeden Morgen mit einem Lächeln aufzustehen und sich auf den Tag zu freuen?

Ich habe erlebt, dass es viele Schritte braucht für solche Veränderungen. Viele belastende Erlebnisse, schon ganz früh in der Kindheit angelegte Vermeidungsstrategien und Zweifel an mir selbst mussten bearbeitet werden. Manchmal hat es viel Spaß gemacht und ging ganz leicht, und manchmal war das Hinschauen zu diesen Dingen schmerzhaft und die Hintergründe zeigten sich nur in ganz winzigen Etappen. Oft hatte ich keine Lust mehr, mich damit auseinanderzusetzen. Und streckenweise wusste ich nicht einmal mehr, wer ich wirklich war. So viel Altes löste sich auf – und was würde dann übrig bleiben oder danach in mein Leben treten? Wer war ich denn überhaupt ohne all diese alten Begrenzungen, Glaubenssätze und Selbstzweifel? Anfangs wusste ich zwar ganz genau, was ich nicht mehr wollte. Aber was mein wirkliches Ziel war, hätte ich damals nicht sagen können.

Auch für meine Familie war diese Entwicklung teilweise befremdlich und manchmal sogar beunruhigend, weil ich mich so veränderte. Aber sie sahen auch, dass es mir zunehmend besser ging. Es war, als würde sich der Nebel dieser dunklen Wolke lichten – und es wurde fühlbar heller in meinem Leben! Ich bin heute sehr glücklich darüber, dass ich nicht aufgegeben habe, sondern drangeblieben bin mit CQM, in den Seminaren, Praxisgruppen und mit der Unterstützung von Kollegen. So konnte ich nach und nach meine eigenen mentalen und emotionalen Rückhaltebänder lösen, mich mehr und mehr aufrichten, endlich wieder tiefer durchatmen und mich selbst neu entdecken.

Und natürlich hatte ich schon früher von der „Macht der Gedanken“ gehört und gelesen, aber was das wirklich bedeutete, wurde mir erst durch die Arbeit mit CQM bewusst. Und nun kommen wir zum Kern der Sache – denn was ist das denn nun eigentlich, dies CQM – die Chinesische Quantum Methode? Hier kommt eine kleine Erläuterung für diejenigen, die bisher noch nichts davon gehört haben.

Kennen Sie noch die Fernsehserie „Bezaubernde Jeannie“ aus den 70er Jahren? Jeannie war ein blonder, weiblicher Flaschengeist in Haremskleidung. Sie konnte allein durch ihre Absicht und mit einem Augenzwinkern Dinge erschaffen, die ihr Gebieter oder sie selbst sich wünschte. So ähnlich ist das mit CQM auch, allerdings hätte ich mir früher nie vorstellen können, was auch meine (und auch Ihre!) Gedanken zu tun in der Lage sind. Mit unseren Gedanken erschaffen wir das, was wir erleben – in jeder Sekunde! Was man aber dabei bedenken muss: nur wenige Prozent unserer Gedanken sind uns bewusst, aber der Rest ist ebenso aktiv und „vollautomatisch“ - wir fahren sozusagen auf Autopilot, gespeist von alten Programmierungen, wie ein veraltetes Navi ohne Update. Und diese von uns ausgehenden unbewussten Schwingungen erzeugen dann natürlich auch Ergebnisse, mit denen wir manchmal überhaupt nicht einverstanden sind. Das bedeutet, wir landen in Sackgassen, Umleitungen und Baustellen – obwohl es längst die Schnellstraße gibt!

Viele dieser alten Programme haben wir von anderen übernommen, sie sind uns anerzogen worden oder unterliegen Einflüssen, von deren Existenz wir gar nichts wissen und die uns nicht bewusst sind. Vor allem sind es ganz tief sitzende und aus gutem Grund tief verborgene Erinnerungen, die zu begrenzenden Verhaltensmustern und möglicherweise auch gesundheitlichen Störungen geführt haben können. Sie sind im Unterbewusstsein abgespeichert und beeinflussen den eigenen Stresspegel, unser Selbstbewusstsein, unser Umfeld und sogar unser Einkommen. Oft fühlen wir uns deshalb wie durch Gummibänder zurückgehalten oder scheitern immer wieder an den gleichen Schwierigkeiten – und verstehen gar nicht, woran das liegt. Und das sogenannte „positive Denken" genügt deshalb oft nicht, weil diese unbewussten Automatismen stärker wirken als Affirmationen oder Schöndenken.

Die Möglichkeit, dies selbst ganz bewusst und konkret ändern zu können, ist für viele Menschen völlig neu und überraschend. Mit der Chinesischen Quantum Methode ist es aber nicht nur machbar, die erstaunlichsten Hinderungsmechanismen herauszufinden, sondern noch viel mehr - und das ist das, was CQM zu spannend macht: Durch einen fokussierten Gedanken kann ein Einfluss so verändert werden, dass er sich nicht mehr schwächend darauf auswirkt, was wir erreichen oder wie wir sein möchten! Im CQM-Vokabular nennt man das „korrigieren". Die gebündelte mentale Kraft von Gedanken entstört die Ursachen von unerwünschten Zuständen und Verhaltensweisen!
Wenn wir wieder das Bild des Rucksacks nehmen, den wir schwer auf dem Rücken tragen, dann ist das so, als würden wir auf diese Weise ein Stück Gepäck dort herausnehmen und entsorgen. Gabriele Eckert hat in ihrem Buch „Wenn Fische fliegen" viel dazu geschrieben, wie die im Unterbewusstsein abgespeicherten Ursprünge sich durch CQM auflösen – und wie das Ergebnis fühlbar wird im eigenen Kör-

per, in den eigenen Gedanken und Gefühlen und dann ebenso sichtbar im Außen, beispielsweise in liebevollen und entspannten Beziehungen im Privatleben oder mehr Erfolg im Beruf. CQM vereint ein immenses Wissen, viele Coaching- und Entspannungstechniken, Aspekte aus der Persönlichkeitsentwicklung und modernster Gehirnforschung. Diese Methode lässt sich mit vielen anderen Wissens- und Arbeitsgebieten verbinden und ist einsetzbar für sich selbst und andere, und damit natürlich auch für Kinder und für Tiere.

Viele Klienten durfte ich über lange Zeit auf ihrem persönlichen Weg begleiten – vor Ort in meiner Praxis in Hamburg oder auch per Telefon oder skype im weit entfernten Ausland, denn diese Art von Coaching funktioniert problemlos auch auf Entfernung. Und ich stelle immer wieder begeistert fest, wie sich Menschen in ihrem gesamten Wesen dadurch verändern. Man kann ihnen wirklich ansehen, wie sie sich aufrichten, wie sich ihre Ausstrahlung und ihre Haltung verändern, wie entspannt die Gesichter werden und wie viel mehr sie lachen und Freude am Leben haben! Eine meiner Interviewpartnerinnen hat auf einem Erlebnisabend erstmals solche CQM-Anwender getroffen und sofort für sich beschlossen: „Wenn CQM das aus Menschen macht, dann will ich das auch!“ Sie werden diesen Satz in einer der Geschichten wiederfinden.

Man kann diese Methode für seine ganz eigenen Themen und für all die kleinen und großen Herausforderungen des beruflichen und privaten Alltags nutzen. Und wer sich nach einigen Monaten oder Jahren einmal die Fragen stellt: „Wie war das eigentlich, bevor ich CQM kennenlernte? Und wie ist das heute?“, der wundert sich manchmal über sich selbst und hätte ganz sicher früher viele Dinge nicht für möglich gehalten, die für ihn heute Realität sind! So wurden aus schüchternen, hoffnungslosen oder kränklichen Personen beispielsweise lebhafte, selbstsichere und vor Energie strotzende Persönlichkeiten. Ehemals sorgenvolle, ängstliche Menschen schmieden nun begeistert Pläne und erreichen ihre Ziele auch, und sogar Pessimisten sehen ihr Glas nicht mehr halbleer, sondern halbvoll! Und oft können sich die Menschen kaum noch daran erinnern, wie das früher eigentlich war und wie sie sich gefühlt haben, denn CQM löscht natürlich nicht die Erinnerung, sehr wohl aber die emotionale Ladung. Und das, was früher so viel Stress, Wut oder Unbehagen bereitet hat, fühlt sich nun herrlich neutral an.

CQM Nutzer erleben vor allem in ganz praktischer Anwendung, dass sie selbst die Schöpfer ihres Lebens sind, den Blickwinkel in Stress-Situationen ändern, Herausforderungen als Chance sehen und Veränderungen mit Leichtigkeit begegnen können. Sie entzünden das Licht in sich selbst, entdecken ihre Potenziale und gestalten ihr Leben oft völlig neu. Diese Methode ist vor allem ein Turbo für die eigene Persönlichkeitsentwicklung.

Die Arbeit mit CQM ist so ähnlich wie Zwiebelschälen – Schicht für Schicht kommt man dem Kern näher, und manche Coaching-Sitzungen machen auch erst den Weg frei, damit das, was tief vergraben ist, hochkommen kann. Viele meiner Klienten haben sich auf diese Weise völlig neu entdeckt und leben heute mit einer Leichtigkeit, die sie sich nie hätten vorstellen können. Einige dieser „Quantenspringer“ habe ich gefragt, wie ihr Leben vor CQM verlief, wie ihr CQM-Abenteuer begann, welche Hürden sie genommen und welche Weichen sie neu gestellt haben, um das zu sein, was sie heute sind. Sie haben die Methode mit dem eigenen tatkräftigen Handeln und einer vernünftigen Strategie verknüpft. Viele praktische Tipps zum Erreichen Ihrer persönlichen Ziele finden Sie deshalb am Ende dieses Buches.

Diese Geschichten spiegeln das wahre Leben und sind sehr persönlich, deshalb wurden in Absprache mit den Interviewten einzelne Details verändert, um die Privatsphäre zu schützen, und die Namen der Interviewpartner sind deshalb auch nur mir bekannt. Einige Lebensgeschichten wären für den Leser eventuell sogar zu erschütternd und belastend gewesen, sodass wir auf deren Veröffentlichung ganz verzichtet haben. Aber auch die Erzähler dieser teilweise erschreckenden Lebensgeschichten haben bestätigt, dass sich sogar schwerste Lasten dank dieser Methode leichter anfühlen und keine Hindernisse mehr darstellen müssen, wenn es um das eigene Lebensglück geht.

Gemeinsam mit meinen Gesprächspartnern möchte ich Sie, lieber Leser und liebe Leserin, mit diesem Buch inspirieren und motivieren, Ihnen Mut machen für Veränderungen und in Ihnen Vorfreude darauf wecken, wie viel erfüllender und schöner auch Ihr Leben vielleicht sein könnte …!

Lassen wir sie nun erzählen, die Quantenspringer …

Wie das Kaninchen vor der Schlange …

… saß ich vor meinem Abteilungsleiter und seiner engsten Mitarbeiterin, Frau Schröder. Ich traute meinen Ohren nicht, war vor Angst wie gelähmt, wie erstarrt vor Schreck. Mein Magen rebellierte, mir wurde übel. Ich hatte nur noch wenige Jahre bis zur Rente und wollte diesen Job bis zum Ende meiner Berufstätigkeit machen. Die Arbeitszeiten waren optimal für mich, die Tätigkeit machte mir Spaß, das Team war nett und die Entfernung zu meiner Wohnung nicht zu groß. Und plötzlich war nun nichts mehr, wie es vorher war.

Man warf mir in diesem Moment Dinge vor, die nicht stimmten. Unwahrheiten, die Folgen haben würden. Meine Arbeit in diesem Chemie-Unternehmen musste genau und verantwortungsvoll gemacht werden. Und das tat ich seit 24 Jahren. Nun warf man mir vor, unachtsam gewesen zu sein und schwerwiegende Fehler mit erheblichen Folgen gemacht zu haben.

Ich wusste zwar genau, dass das nicht stimmte, aber wie ein Kaninchen saß ich gelähmt vor einer Schlange, und ich wollte nicht gefressen werden!

Schon seit einiger Zeit war die Stimmung im Team verändert. Immer wieder waren mir Merkwürdigkeiten aufgefallen. Einige tuschelten heimlich. Man sprach nur noch das Nötigste miteinander. Was hatte Frau Schröder an meinem Schreibtisch zu suchen gehabt, als ich ins Büro kam? Was war da los? Ich konnte es nicht greifen und meine gute Laune hatte ich verloren. Ich zog mich mehr und mehr zurück, wollte nur meine Arbeit machen und in Ruhe gelassen werden.

So hatte ich das immer gemacht - schon von Kindheit an. So war ich erzogen worden. Hatte gelernt „das ist so und da muss man durch“, „stell dich nicht so an!“ oder „da kann man nichts machen“. Wenn ich mich als Kind gewehrt hatte, gab es Schläge. Ich hatte deshalb immer getan, was von mir erwartet wurde. Ich hatte immer funktioniert. So hatte ich in vielen Situationen viel zu lange ausgehalten und gelitten – wehrlos und unfähig, Entscheidungen zu treffen, zuletzt in meiner Ehe. Von den 13 Jahren waren 10 Jahre alles andere als gut gewesen. Wegen der Kinder hielt ich damals und auch in späteren Beziehungen durch, bis es überhaupt nicht mehr ging

Und eigentlich ging jetzt an meinem Arbeitsplatz auch überhaupt nichts mehr, als ich CQM im März 2012 auf einem Erlebnisabend in Bremen kennenlernte. Eine Bekannte hatte mich mitgenommen. Ich war beeindruckt, was ich dort erlebte. Als mich Gila Delbrück begrüßte, hatte ich das Gefühl, als würde ich sie schon ganz lange kennen. Ich hab dann auch das Buch „Wenn Fische fliegen“ gekauft und es mir von Gabriele Eckert signieren lassen. In diesem Moment hatte ich so ein Kribbeln in mir ... ich spürte, dass das ein ganz wichtiger Schritt in meinem Leben war. Gabriele hat mich angeguckt und ich hab gedacht, „die guckt mir bis zum großen Zeh“. Ich wusste, sie merkte, dass ich nicht weinen wollte. Ich war so berührt und gleichzeitig begeistert - und hab gleich noch ein zweites Buch gekauft für meinen Sohn. Auf dem Nachhauseweg hab ich die ganze Zeit schon korrigiert und bin erst nachts um halb vier eingeschlafen.

Zu dem Zeitpunkt war ich noch ganz unsicher unterwegs in

meinem Leben, wusste nicht einmal, wie ich mit dem Auto allein in eine andere Stadt hätte fahren können. In fremder Umgebung hatte ich Angst, angesprochen zu werden. Ich sprach immer ganz leise und machte mich klein und möglichst unsichtbar.

Damals war ich schon eine Weile auf der Suche nach einem neuen Partner und buchte für das Thema meine ersten Termine bei Gila Delbrück. In diesen Sitzungen ging es hauptsächlich um meine Selbstsicherheit, meine Ängste und meine Vergangenheit. Der ganze Ballast, den ich noch aus Kindertagen mit mir herumschleppte, wurde fühlbar leichter. Die ganzen Glaubenssätze und Erfahrungen wurden neutralisiert, auf der Partnersuche wurde ich dadurch selbst aktiver und mutiger, fuhr auch selbstbewusster zu Veranstaltungen und traute mich sogar, nach Hannover ins CQM I Seminar zu fahren! Das wäre vor dem Erlebnisabend überhaupt nicht denkbar gewesen – ich ganz allein in einer fremden Stadt, in einem schicken Hotel und in einer Gruppe von vielen Menschen, die ich nicht kannte!

In den Wochen nach dem Seminar eskalierte die berufliche Situation mit den Vorwürfen und dem Mobbing, ich konnte nachts nicht mehr schlafen, weil ich Angst um meinen Arbeitsplatz hatte. Auch körperlich ging es mir in dieser Zeit schlecht, deshalb bat ich Gila um Hilfe. Korrigiert wurden die Beziehungen der Mitarbeiter untereinander, die Einflüsse vom Chef – und besonders die der engsten Mitarbeiterin des Chefs, die nämlich mit ihm zusammenlebte.

Alle Kollegen erlebten diese Frau als cholerisch und ungerecht. Und bestimmt war ich nicht die Einzige, die richtige Angst vor ihr hatte. Die Androhung von Abmahnungen und Kündigung ließ aber alle schweigen und hielt auch mich davon ab, mir Unterstützung in der Firma zu suchen und lieber weiter auszuhalten. Wer würde mich in meinem Alter noch nehmen? Ich wollte nichts riskieren.

Und es war erstaunlich: Nach dieser Sitzung fühlte sich schon am nächsten Tag das Team viel harmonischer an. Ich ging wieder ganz gern zur Arbeit, allerdings wurde noch immer hinter meinem Rücken getuschelt. Ich hatte ständig das ungute Gefühl, man wolle mich loswerden und an meinem Stuhl sägen und würde mir deshalb absichtlich die Dinge in die Schuhe schieben, damit man mir Fehler vorwerfen konnte.

Wir arbeiteten noch einmal mit CQM. Und am nächsten Morgen stand für mich fest: „Egal, was passiert: Es kann nicht schlimmer werden als das, was ich bisher erlebt habe." Und ich wusste, dass ich meinen Platz nicht räumen würde! Ich war im Recht! Plötzlich war ich ganz gerade und stark, fühlte mich riesengroß und hab endlich offen mit den anderen geredet. Und es stellte sich heraus, dass es den anderen Mitarbeiterinnen ebenso ging wie mir!

Nun fasste ich Mut und ging zum Personalbüro, um die Probleme endlich anzusprechen und eine Lösung zu finden. Dort war man ganz entsetzt, als man hörte, was in unserer Abteilung über lange Jahre geschehen war. Danach fand endlich eine Zusammenkunft aller Kolleginnen statt und aus dem angstvollen Schweigen entstand ein kraftvolles Miteinander. Wir trugen unsere Geschichten zusammen und präsentierten sie dem Personalchef. In diesen Tagen waren unser Abteilungsleiter und Frau Schröder nicht im Büro und wir warteten voller Spannung ab, was passieren würde. Jeder von uns hatte sich ein „Worst Case Szenario" ausgemalt und war darauf gefasst, dass es mächtigen Ärger geben würde. Trotzdem war der Knoten geplatzt und wir konnten endlich wieder entspannt miteinander umgehen.

Lange sieben Tage mussten wir warten bis zum Ergebnis unserer Bemühungen. Wir machten zwar unsere Arbeit, waren dabei aber unter totaler Spannung und begierig zu erfahren, was die Untersuchung der Angelegenheit ergeben würde. Und dann – eine Nachricht, die wir alle niemals für möglich gehalten hätten! – wurde uns mitgeteilt, dass sowohl unserem Chef als auch Frau Schröder fristlos gekündigt worden war und wir sie nicht wiedersehen würden! Sie hatten tatsächlich aus eigenen Interessen die Mitarbeiter manipuliert, hintergangen und Fehler inszeniert, um Kollegen loszuwerden, die sie nicht mochten!

Heute läuft die Abteilung übrigens wie am Schnürchen unter neuer Leitung, alle Kollegen sind zufrieden und es gibt einen ganz neuen Zusammenhalt - frei von Angst!

Im Gespräch ...

Gila Delbrück: Was bedeutet CQM für dich?

Ich würde sagen: Heute lebe ich! Mein ganzes Leben hat sich verändert! Vor CQM war ich wie in einem Kokon, hab gar nicht so richtig gelebt. Früher habe ich viel mitgemacht, weil man es von mir erwartet hatte, aber ich habe meinen Gefühlen nicht vertraut und nicht das getan, was ich selbst wollte. Und oft wusste ich nicht einmal, was das eigentlich war. Ich lebte viel in der Vergangenheit und in negativen Gedanken und war oft krank. Der Erlebnisabend war der Wendepunkt in meinem Leben. Seit ich CQM kennengelernt habe, sind so viele tolle Sachen in meinem Leben passiert! Heute bin ich stark, entspannt und viel gesünder – ob ich jemand anrufen, irgendwo allein hinfahren oder etwas regeln muss, macht mir nichts mehr aus. Meine Freunde und Bekannten sagen, ich sei ein ganz anderer Mensch geworden: viel offener und fröhlicher. Ich habe begriffen, dass man das, was man sich vorstellen kann, auch erreichen kann. Und genau das mach ich jetzt. Ich geh meinen Weg. Und den richtigen Partner werde ich auch noch finden, da bin ich sicher!

Wie geht es dir als CQM Anwenderin?

Am Anfang war ich mir nicht sicher, ob ich mir das Seminar leisten konnte und wollte. Ich musste so sparsam mit meinem Geld umgehen. Aber das, was ich für mein Leben dadurch erfahren habe an diesem Wochenende und das, was ich dann für mich weiter gelernt habe und für mich selbst weitermachen kann ..... das ist phänomenal. Ich kann heute viel besser für mich selbst sorgen oder in den Praxisgruppen Leute bitten, mit mir gemeinsam zu korrigieren. Man hat bei CQM gleich das Gefühl, dass man eingebunden ist und dazugehört. Es ist so, als wenn man sich schon ganz lange kennt. Verabschieden fällt mir immer schwer. Ich habe inzwischen CQM II und III gemacht und werde im nächsten Jahr CQM IV machen.

Was empfiehlst du Menschen, die zum ersten Mal von CQM hören?

Seid offen, wenn euch jemand davon erzählt oder euch zum Erlebnisabend mitnehmen will. Dann lernt es selbst und euer Leben wird sich total zum Positiven verändern! Und schaut nicht auf den Preis, was es kostet, denn ich finde, es ist mit keinem Geld der Welt zu bezahlen, was Gabriele Eckert uns lehrt! Ich bin immer wieder beeindruckt davon, dass Gabriele alle Seminare selbst gibt und in den Pausen auch jederzeit persönlich ansprechbar ist.

Welche Tipps hast du für CQM Kollegen?

Macht auch die weiteren Seminare und nutzt unbedingt die Tagesworkshops! Man kann so viel lernen und danach täglich für sich und andere anwenden, bekommt viel Sicherheit und so viele wichtige Informationen, kann sich selbst aus anderer Warte sehen und macht große Schritte vorwärts! Das Spektrum, in dem man mit CQM arbeiten kann, ist so groß und vielfältig - und um das zu lernen, empfehle ich jedem, danach in die Praxisgruppen zu gehen. Die Seminare sind der Führerschein, in den Praxisgruppen lernt man dann das Rallye-Fahren.

Und dein Fazit?

Ich bin so gespannt, total offen und voller Vorfreude auf das Leben! Ohne CQM wäre ich nicht die, die ich heute bin!
Vielen Dank an Dich, Gabriele Eckert!

gut zu wissen

„Die Angst vor …“ kommt häufig in der Coachingpraxis vor. Angst als ganz normaler Schutzmechanismus ist eigentlich eine gute Sache, denn sie schützt vor Leichtsinn und macht umsichtig, aber ausgeprägte Formen der Angst blockieren die eigene Handlungsfreiheit. Angst vor Veränderung, Angst vor Kritik oder Versagen sind oft schon angelegt in frühester Kindheit und wirken sich bis ins Erwachsenenalter aus. Sie beeinflussen das eigene Selbstbewusstsein, die innere Stärke und das Durchsetzungsvermögen und behindern sowohl in privaten als auch beruflichen Lebensbereichen. Wenn die Mutter schon Angst vor Hunden hat, wird diese durch ihr Verhalten oder ihre Worte ans Kind weitergegeben oder anerzogen. Häufig sind es auch nur ganz kleine Erlebnisse, an die man sich nicht einmal mehr erinnert. Werden die Ereignisse, die zur Angst geführt haben, aufgedeckt und mit CQM bearbeitet, wird der Weg frei zu selbstbestimmtem Handeln. Dann ist es beispielsweise leichter, sich für sich selbst einzusetzen, ein Flugzeug zu besteigen, einen Hund zu streicheln oder … oder … oder …

Mehr Zeit für mich ...

... war die Zielsetzung meiner ersten CQM Sitzung im CQM I Seminar vor gut einem Jahr. Wie im Hamsterrad hatte ich die letzten 30 Jahre verbracht. Gemeinsam mit meiner Frau besaß ich ein altes Familienunternehmen mit mehreren Filialen, war rund um die Uhr im Einsatz, hatte einfach viel zu viel zu tun. Der tägliche organisatorische Kleinkram drohte mir manchmal über den Kopf zu wachsen, ich hing zwischen Arbeitsplänen, Bestellungen und Abrechnungen, Betriebsübersichten und Steuerangelegenheiten. Kurze Urlaube gönnte ich mir nur selten und hatte dabei immer das ungute Gefühl, Termine zu verpassen oder die Übersicht und die Kontrolle zu verlieren. Gedanklich konnte ich mich selten vom Geschäft lösen, allerdings war so ein Urlaub auch immer wie ein Weglaufen aus einer Situation, die mir überhaupt nicht gefiel und in der ich keinerlei Ausweg sah. Durch diese kleinen Fluchten konnte ich zwischendurch zwar immer mal durchatmen, aber am liebsten wäre ich überhaupt nicht erreichbar gewesen, um endlich einmal nicht zuständig zu sein. Ich wahrte nach außen eine freundliche Fassade, war aber eher pessimistisch in meinen Gedanken und hab vieles mit sarkastischen Bemerkungen kommentiert. Wie es in mir drinnen aussah, zeigte ich niemandem. Was hätte das auch genützt? Es ging niemanden etwas an und eine Lösung gab es für mich nicht. Dachte ich jedenfalls.

Zu CQM kam ich, weil eine Bekannte meiner Frau das „Fische"-Buch geschenkt hatte. Einige Zeit lag es bei uns herum, bis ich einen Blick hinein warf. Es fesselte mich vom ersten Moment an. Das machte alles so viel Sinn, wie viel Energie und fremde Lasten in einem Betrieb und der damit verbundenen Familie stecken können – und ich war von mir selbst ein bisschen überrascht, als ich mich kurzentschlossen zu meiner Frau sagen hörte: „Ich mach so'n Kurs". So etwas hatte ich noch nie gemacht! Ich war auch vorher nicht auf einem der CQM Erlebnisabende. Aber ich wollte es so schnell wie möglich direkt selbst erleben und fuhr zum Seminar nach Frankfurt.

Unter den männlichen Teilnehmern waren viele Selbständige wie ich, Leute aus technischen Berufen ebenso wie Steuerberater und Kriminalbeamte. Eigentlich hatte ich auch viele „Esoteriker" erwartet in Walle-Gewändern, aber die waren da nicht. Das waren alles ganz normale Menschen. Ich fühlte mich sofort wohl.
Bei den ersten Korrektur-Übungen war ich überrascht, wie tief diese Dinge gingen. Die Lebensgeschichten, die ich dort hörte, berührten mich und forderten mich ganz schön heraus. Wow – was da alles zutage kam und mit welcher Offenheit die Menschen damit umgingen! Die von Gabriele Eckert gelehrte Neutralität fiel mir anfangs schwer, erleichterte aber den Umgang mit all den gefundenen Einflüssen für die notwendigen Korrekturen sehr. Es war eine gute Erfahrung, das auch bei den anderen Kursteilnehmern zu beobachten. Heute bin ich davon überzeugt, dass diese Neutralität nur durch Übung und die Praxis erfahren werden kann.

Nach dem Seminar machte ich mich daran, weiter an meinem Ziel – „mehr Zeit für mich" - zu arbeiten. Aber es war verzwickt. Durch alte Verträge waren meine Frau und ich an Zahlungen und Bedingungen gebunden, aus denen wir unbedingt herauswollten. Mir wurde klar, wie abhängig wir waren und wie dumm wir gewesen waren, als junge Leute

Verträge im blinden Vertrauen auf meine Eltern und ohne die Unterstützung von Fachleuten zu unterschreiben. Ein Anwalt schüttelte den Kopf, als ich ihm davon erzählte und sagte zu mir „Ich kann mir überhaupt nicht vorstellen, dass man innerhalb einer Familie solche Verträge macht!" Gutgläubig und gefühlsduselig waren wir damals und dachten „wir sind doch eine Familie, da hält man zusammen" und haben nicht für möglich gehalten, dass uns diese Verträge über den Tod meiner Eltern hinaus Unsummen kosten und damit sogar für unsere eigenen Kinder eines Tages eine schwere Last sein könnten.

Hier war mir die CQM-Methode eine sehr große Hilfe. Es ist kaum in Worte zu fassen, wie wütend ich wurde, als das alles in den Korrekturen auftauchte, denn mir war das alles nie so bewusst und klar gewesen. Natürlich hätte ich mich hinstellen, mich selbst anklagen und mit meiner negativen Sichtweise in einen tiefen Sumpf sinken können. Aber mir wurde nach und nach auch mein eigener Anteil daran deutlich. Ich war einfach zu beschäftigt und zu weichherzig gewesen, hab mich verpflichtet gefühlt und irgendwie das Gefühl gehabt, diesem Familienunternehmen dienen und es erhalten zu müssen.

In den Praxisgruppen und weiteren Seminaren habe ich immer weiter daran gearbeitet. Ein bevorstehender Gerichtsprozess hat mir immer wieder Nahrung für neue Korrektursitzungen gegeben – wie gern hätte ich zaubern können und mit CQM alles so korrigiert, dass wir aus der Sache heraus gekommen wären! Manches Mal hab ich an meinen eigenen Korrekturen gezweifelt, denn leider hat das so nicht funktioniert. Die Verträge waren und sind rechtsgültig und die Fakten ganz eindeutig. Kein Richter dieser Welt hätte anders entscheiden können … und wir sind bis heute in vollem Umfang verantwortlich und zahlungspflichtig.

Und immer wieder hatte ich Gabriele Eckerts Satz im Ohr „CQM ersetzt nicht den gesunden Menschenverstand". Doch ohne CQM wäre in dieser herausfordernden Zeit ein normaler Alltag sicherlich kaum möglich gewesen, und die Situation hätte möglicherweise zu tiefen geschäftlichen oder privaten Zerwürfnissen geführt!

Und wenn ich mir anschaue, wo ich heute stehe und wie es mir heute nach all dieser Arbeit mit CQM geht, so kann ich voller Verwunderung feststellen, dass das Ganze auch etwas Gutes hatte!

Ich kann inzwischen mit diesen Dingen und der richterlichen Entscheidung nämlich gut umgehen, sie als Fakt und Tatsache akzeptieren und ohne emotionale Ladung – jedenfalls mit bestmöglicher Neutralität für meine eigenen Belange - nach optimalen Lösungsmöglichkeiten suchen. Ich sehe es heute als meine Aufgabe, dass alles in Ruhe zu der bestmöglichen Lösung geführt wird und sich unsere Abhängigkeit zukünftig nicht mehr auf unsere Kinder auswirken wird. Ich hab auch erkannt, dass wir durch den Betrieb immer ein gutes Auskommen hatten und uns nie finanzielle Sorgen machen mussten. Wir haben uns lange Jahre wohl gefühlt und weder darüber nachgedacht noch uns beklagt. Vielleicht hätten wir ja etwas ändern können … und haben es nicht getan. Unsere Unterschrift war freiwillig. Und wir waren zwar jung, aber erwachsen. Mich als Opfer sehen oder den Eltern die

Schuld geben - das bringt mich heute nicht mehr weiter. Und ich weiß: Die Selbstreflektion, die ich heute – auch durch CQM – habe, haben meine Eltern nicht gehabt. Die Zeit und ihre Lebensthemen waren einfach anders und ich habe heute Verständnis dafür. Meine Vorwürfe kann ich deshalb loslassen, besser für mich selbst sorgen und durch CQM diese familiären Verstrickungen und Altlasten lösen, damit meine Kinder frei davon sind.
Dass mir das in so kurzer Zeit mit CQM gelungen ist, macht mich dankbar und versöhnlich.

Im Gespräch ...

Gila Delbrück: Wie haben sich denn die Korrekturen auf dein Ziel ausgewirkt - mehr Zeit für dich zu haben?

Das hat funktioniert! Ein Jahr nach meinem ersten CQM Seminar war ich mit meiner Frau vier Wochen auf einem anderen Kontinent, in einer anderen Zeitzone und so gut wie nicht erreichbar. Für mich selbst habe ich daran gearbeitet, mir das gönnen zu dürfen und den Kaufmann einmal Kaufmann sein zu lassen. Auch die drohende Erbschaftsgeschichte konnte ich in den Hintergrund treten lassen ohne darüber nachzudenken, was da eventuell auf mich zurollt. Ich wollte nicht abwarten und denken „irgendwann, wenn das alles durchgestanden ist, dann ..." sondern habe mir als Ziel gesetzt „Ich mach das jetzt. Jetzt ist jetzt!"
Dafür musste ich natürlich auch einige betriebliche Abläufe umstellen. Es fiel mir nicht leicht, zu delegieren und meinen Mitar-

beitern Einblicke in unsere Geschäfts-Interna zu gewähren. Aber es hat sich gelohnt! Das Verhältnis zu den Angestellten hat sich dadurch enorm verbessert. In diesen vier Wochen ist niemand krank gewesen, das Team ist sehr zusammengewachsen und war stolz darauf, unseren Betrieb in unserem Sinne effektiv und erfolgreich weitergeführt zu haben. Auch haben sich einige langjährige Probleme und Abläufe dadurch gelöst und verbessert, dass die Kollegen selbst regulierend eingegriffen und ganz neue Lösungen gefunden haben. Früher mussten meine Frau und ich allein für alles gerade stehen. Heute tragen die Mitarbeiter vieles mit, arbeiten sehr viel verständnisvoller miteinander und mit uns als ihren Arbeitgebern. Ein Gefühl von Nähe, Dankbarkeit und Miteinander ist entstanden. Wir sitzen alle im gleichen Boot. Das wird jetzt gelebt und wahrgenommen.
Durch diese Erfahrung sind meine Frau und ich jetzt viel freier, nehmen uns wirklich viel mehr Zeit für uns und sind schon in der Planung für die nächsten Urlaube. Aus dieser ursprünglichen Abhängigkeit vom Betrieb ist viel mehr Autonomie und Freiheit entstanden! Und es gibt viel mehr Balance und Genuss in meinem Leben.

Wie hast du dich selbst durch CQM verändert?

Insgesamt habe ich sehr viel Zuversicht entwickelt und hab mit meinen sarkastischen Bemerkungen aufgehört. Ich fühle mich viel besser als früher, als ich immer nur die negativen Dinge gesehen habe. Ich weiß jetzt, dass ich viele Dinge für mich beeinflussen kann. Und ich hab – auch durch das Remote Viewing Seminar bei Gabriele Eckert – eine ganz veränderte Wahrnehmung. Viele Dinge treffen mich nicht mehr aus heiterem Himmel. Manches ahne ich schon vorher! Das ist manchmal ziemlich verblüffend – vor allem für die Menschen, um die es dabei geht.

Mein Verhältnis zu den Angestellten und auch das zu unseren Kunden hat sich stark zum Positiven entwickelt. Probleme haben heute eine ganz andere Wertung und meine Umgebung nehme ich ganz anders wahr. Das wirkt sich beispielsweise auch positiv auf die Umsätze aus!

Was ist deine Empfehlung für CQM Neulinge?

CQM I ist ein guter Einstieg, aber ich würde jedem empfehlen, die anderen Kurse auch zu machen. Und die Übungsgruppen sind wirklich wichtig. Hier hört man von den Erfolgserlebnissen der anderen und bekommt ein ganz anderes Bewusstsein für die eigenen Erfolge, die man sonst manchmal gar nicht an sich selbst wahrnehmen würde. Diese kleinen und großen Veränderungen sind für mich nämlich das, was mich am meisten voranbringt. Und in den Gruppen höre ich immer wieder, wie toll sich CQM mit allen anderen Bereichen kombinieren lässt – ob man Masseur oder Bankberater ist! Das gibt mir immer wieder neue Ideen, wie und wo ich CQM anwenden könnte.

Was bedeutet CQM für dich?

CQM ist eine Bereicherung für mein Leben. Es ist für mich die Grundlage, vieles besser zu gestalten und gibt mir die Hoffnung und Sicherheit, sich selbst besser zu erkennen, Dingen auf den Grund gehen und sie ändern zu können. Probleme sind dafür da, gelöst zu werden. Wie man das macht, kann schwierig oder leicht sein. Mit CQM ist es auf jeden Fall leichter!

gut zu wissen

„Einflüsse von Vorfahren“ – eine Menge Korrekturen können sich hinter diesem Begriff verbergen. Hier geht es aber oft nicht nur um die Einflüsse der direkten Vorfahren - Eltern und Großeltern - sondern auch um noch frühere Ebenen mit allen Verwandten und möglichen Verstrickungen. Verträge oder Schuld wirken sich noch Generationen später aus, Kriegsgeschehen haben in Familiengefügen oft einen Effekt auf Selbstwert und Lebensgefühl und Schicksale einzelner Personen zeigen sich bei nachfolgenden Familienmitgliedern manchmal durch Muster oder Einschränkungen, die jenseits des Bewusstseins liegen. Das Aufspüren dieser tief liegenden Hintergründe und das Korrigieren mit CQM ist deshalb nicht nur für den CQM-Anwender, sondern auch für seine eigenen Kinder und Enkelkinder ein wahrer Segen! Aufgedeckt werden können diese Einflüsse besonders gut durch die Kombination von CQM mit verdeckten Systemischen Aufstellungen. Dies ist allerdings eine Version des Coachings, die nicht telefonisch, sondern nur vor Ort stattfinden kann.

Funkstille!

Als meine Tochter Anna geboren wurde, sagte mein Vater: „Dies Kind ist ein Bastard und du machst deiner Familie Schande! Komm mir nie wieder unter die Augen, sonst prügele ich dich zu Tode und werde auch dafür sorgen, dass dies Kind nicht lange lebt!“ Mein Vater war offensichtlich mit meiner Wahl des Ehemannes, der aus dem Ausland stammte, nicht einverstanden. Seiner Partnerin brach er das Handgelenk und die Nase, als er erfuhr, dass sie sich weiterhin mit mir traf. Einige Jahre später ging meine Ehe in die Brüche. Mein Vater verstarb, ohne dass ich ihn jemals wiedergesehen hätte.

Er war ein wichtiger Mann gewesen, war Träger mehrerer Doktortitel und Professuren, hatte viele Bücher geschrieben und war hochgeachtetes Mitglied im Rotary Club. Wir lebten im feinsten Teil von München in einer großen Villa. Aber was hinter dieser beeindruckenden Fassade tatsächlich geschah, ahnte niemand, denn dort war mein Vater ein ungnädiger, cholerischer und jähzorniger Tyrann.

ANGST war das Wort meiner Jugend – Angst ums nackte Überleben. Meine Mutter habe ich abgöttisch geliebt, aber beruflich war sie viel unterwegs und deshalb nie da, um mich vor meinem Vater zu beschützen. Ich war ihm ganz allein ausgeliefert, wenn er von zu Hause aus arbeitete. Sein Anspruch an mich war unerfüllbar. Hatte ich in einer Deutscharbeit einen Rechtschreibfehler, zog er mich an den Ohren von der Schule bis nach Hause und verprügelte mich. Er warf mit dem heißen Bügeleisen hinter mir her, wenn ich nicht gehorchte. Und wenn ich keine „Eins“ nach Hause brachte, schlug er mich bis zur Besinnungslosigkeit und mehrfach war ich deshalb auch im Krankenhaus. Er war aber so hoch angesehen, dass niemand zu hinterfragen wagte, was wirklich los war. Ich sei hingefallen, hieß es meistens. Die Striemen auf meinem Rücken haben alle geflissentlich übersehen. Vor Angst schob ich Möbel vor die Tür meines Zimmers, damit er nicht hereinkommen konnte. „Ich bring dich um, du dreckige Sau!“, hörte ich ihn dann rufen.

Ich war siebzehn, als er mich durch die verbarrikadierte Tür mit der Schrotflinte bedrohte. Als er tatsächlich mehrfach durch die Tür schoss, sprang ich aus dem Fenster und kletterte in meiner Panik mit nackten Beinen über unseren hohen Stacheldrahtzaun. Blutüberströmt fand ich Hilfe in einer nahegelegenen Tankstelle, deren Besitzer die Schüsse gehört hatten und die Polizei riefen. Das war das Ende der Ehe meiner Eltern. Meine Mutter trennte sich von ihm. Man empfahl ihr, mit mir in eine Psychotherapie zu gehen. Aber sie sagte: „Das ist Unsinn, so was braucht man nicht.“ … und so habe ich damals diese Dinge irgendwie mit mir selbst ausmachen müssen.

Als ich nach der Trennung von meinem Mann viele Jahre später mit meiner Tochter allein da stand, fand ich eine Mietwohnung im gleichen Haus, in dem meine Mutter mit ihrem neuen Ehemann eine Wohnung gekauft hatte. Ich war froh über diese Lösung, denn Anna war dort gut aufgehoben, während ich mir in einer Agentur in Schwabing zielstrebig und ehrgeizig eine Karriere aufbaute. Ich war sehr erfolgreich, machte in der Freizeit Sport bis zum Exzess und kontrollierte meine Kalorienzufuhr ebenso wie alles andere in meinem Leben. Kontrolle zu haben gab mir einfach ein gutes

Gefühl. Denn noch immer tickte diese väterliche Stimme in mir: „Das kannst du nicht. Du bist dämlich. Dafür bist du nie im Leben gut genug …“ und ich wollte anscheinend noch immer das Gegenteil beweisen. Ein befreundeter Arzt beobachtete das und sagte mir irgendwann „Findest du nicht, dass du das alles mal behandeln lassen solltest, was du mit dir herumträgst? Du machst dich kaputt!“

Meine Mutter und mein Stiefvater hatten damals viel Geld, reisten immer erster Klasse und flogen mit meiner Tochter auf die Cayman Inseln und an andere First-Class-Reiseziele. Das waren Dinge, die ich Anna nie hätte ermöglichen können. Ich wunderte mich zwar, wo das ganze Geld herkam, das meine Mutter dafür ausgab, aber ich hinterfragte das nie, denn ich wusste auch, dass sie immer einen Weg fand für das, was sie wollte. Sie erreichte ihre Ziele. Immer. Irgendwann fiel einmal der Satz „Wer sich mir in den Weg stellt, den mache ich fertig.“

Und ich hätte nie gedacht, dass ich das einmal sein würde!

Als Anna 12 war, kam sie eines Tages aus der Schule zurück und sah sich in der Wohnung einigen Polizisten gegenüber. Man hatte meine Mutter festgenommen und ins Gefängnis gebracht. Von ihrem Ehemann erfuhr ich nichts, er war ruppig und kurz angebunden. Anna weinte und ich rief den Anwalt der Familie an. Er war ganz überrascht, dass ich von der Vorgeschichte nichts mitbekommen hatte, durfte mir aber wegen der Schweigepflicht nicht verraten, worum es ging. Sogar meine eigene Wohnung wurde untersucht. Alle Konten wurden beschlagnahmt. Was war hier los?!

Einige Verwandte brachen daraufhin den Kontakt zu uns ab, und ich erfuhr, dass mein Stiefvater gemeinsam mit meiner Mutter offenbar viel kriminelle Energie in ein Unternehmen gesteckt hatte, das nun aufgeflogen war. Da er jedoch herzkrank war, wurde er selbst nicht inhaftiert. Meine Mutter allerdings bekam 10 Jahre! Sie wurde wegen guter Führung dann aber frühzeitig in den offenen Vollzug und irgendwann ganz entlassen. Ohne jemals genau zu erfahren, was passiert war, unterstützte ich meine Mutter, so gut ich nur konnte, um den Halt nicht zu verlieren und alles am Laufen zu halten.

Mein Hamsterrad drehte sich dabei immer schneller, ich war inzwischen mit Anna in eine andere, größere Wohnung gezogen und ich versuchte immer verzweifelter, die Kontrolle über alles zu behalten. Mir fiel der Arzt wieder ein, der mir eine Psychotherapie empfohlen hatte und ich beschloss, mir endlich Hilfe zu suchen. Die Therapeutin war die erste, der ich meine Geschichte erzählte. Und während ich das tat, wurde mir zum ersten Mal bewusst, dass meine Mutter ja gewusst haben musste, wie mein Vater mit mir umgegangen war und dass er mich fast totgeprügelt hatte. Nie war sie dazwischen gegangen! Die Therapeutin riet mir, ein Gespräch mit meiner Mutter zu führen und sie nach den damaligen Vorgängen zu fragen, um alles besser verstehen und aufarbeiten zu können. Einige Tage später sprach ich sie darauf an: „Mama, ich brauche deine Hilfe. Ich will dir keine Vorwürfe machen, aber ich möchte dich ein paar Dinge fragen. Wie kam es dazu, dass mein Vater mich so schlug?“ Aber anstatt mir Erklärungen zu geben oder mich als Tochter voller Mitgefühl in den Arm zu nehmen, baute sie sich drohend vor mir auf und antwortete: „Jetzt pass mal ganz gut auf, mein Mädchen: Du legst dich nicht mit mir an! Ich will das nicht hören! Ich habe keine Lust, in der Vergangenheit zu wühlen und es ist mir auch scheißegal, wie es dir geht. Wenn du mit dem Thema weitermachst, bist du nicht mehr meine Tochter!"

Das Gespräch war beendet und ich dachte, das würde sich schon wieder einrenken. Doch zwei Tage später bekam ich einen Anruf eines Freundes, der mir eine Nachricht meiner inzwischen 16-jährigen Tochter übermitteln sollte: „Anna hat mir gesagt, dass ich dich anrufen und dir mitteilen soll, dass sie nichts mehr mit dir zu tun haben will." Als ich einige Stunden später nach Hause kam, waren alle Sachen meiner Tochter aus meiner Wohnung verschwunden! Wirklich alles war weg. Ich rief meine Mutter an, aber es ging niemand ans Telefon. Niemand war erreichbar.

Der Freund, der mich angerufen hatte, erzählte mir, dass Anna nun bei meiner Mutter wohnen würde. Ich dachte, sie würde sicher zurückkommen und bemühte mich, Ruhe zu bewahren. Eine Woche, zwei Wochen, 2 Monate. Ich versuchte immer wieder, sie zu erreichen und schrieb ihr irgendwann einen Brief. „Ich lieb dich doch, was ist denn passiert?" Die Antwort kam von meiner Mutter: „Wenn ich keine Tochter mehr habe, sollst du auch keine haben!" Das war 2007.

Weder die Lehrer noch das Jugendamt konnten mir helfen. Man teilte mir mit, dass Anna selbst entscheiden könne und keinen Kontakt zu mir haben wolle. Eine Begründung dafür bekam ich nicht. Stattdessen erhielt ich Zahlungsaufforderungen für Unterhalt von mindestens 1000 Euro pro Monat, dazu die Summen für Krankenkassenbeiträge, teure Reisen und Hobbies. Da jeder Kontakt abgelehnt wurde, liefen alle Abläufe über Anwälte, die mich ein Vermögen gekostet haben. Und eines Tages bekam ich sogar den Anruf meiner Bank, die mir mitteilte, dass von Annas Konto, auf dem fast 20.000 Euro für ihre Ausbildung lagerten, bis auf wenige Euros die ganze Summe in Etappen abgeräumt worden war. Da diese Vorgänge von Kameras aufgezeichnet wurden, konnte bewiesen werden, dass der Partner meiner Mutter das Geld veruntreut hatte. Meine Mutter fälschte außerdem in vielen Fällen meine Unterschrift und erwirkte sogar durch Lügen eine einstweilige Verfügung, sodass ich nicht einmal mehr die Sorgebevollmächtigte war. Sie ließ mir mitteilen, ich hätte keine Chance, Anna je wiederzusehen. Man würde mir notfalls einen Schlägertrupp vorbeischicken, wenn ich nicht ruhig sei!

Ich schwieg, war körperlich und seelisch am Ende, abgemagert und fertig mit den Nerven. Mein Zustand wirkte sich natürlich auf meinen Beruf aus und mein Einkommen sank gegen Null, weil ich mit den privaten Sorgen beschäftigt war. Inzwischen war ich von meinem neuen Partner finanziell abhängig und schämte mich dafür. Ich wusste ja, dass ich mir nichts hatte zuschulden kommen lassen. Aber ich hatte meine einzige Tochter verloren, wusste nicht, warum, wie sie inzwischen aussah, was sie liebte und was sie beschäftigte. Irgendwann suchte ich mir nochmals psychologische Hilfe und begann zu meditieren, um mit der Situation irgendwie umgehen zu können, aber wirklich ändern tat sich nichts.

Bis im Juli 2013, etwa fünf Jahre nach der Trennung von meiner Tochter, mir eine Freundin CQM Sitzungen bei Gila Delbrück ans Herz legte. Schon die ersten zwei Sitzungen waren ein Ticket zurück ins Leben.

Überraschend bekam ich nämlich kurz nach der zweiten Sitzung eine Karte von meiner Tochter! Nie im Leben hätte ich damit gerechnet! Ich hab's nicht geglaubt und erst einmal durchgeatmet. Mein Herz klopfte bis zum Hals, mir wurde heiß. Ob ich gleich aus diesem Traum aufwachen würde? Einerseits hab ich mich gefreut, aber ich hab auch gleich gedacht „Oh je, was kommt denn jetzt?!" Die Karte zitterte in meinen Händen, als ich las, dass sie mich sehen wolle, allerdings nur im Beisein meiner Mutter. Und es gebe einen „Maulkorb" für ganz spezielle Themen. Nach all dem, was vorgefallen war, konnte ich mir nicht vorstellen, dass etwas Gutes dahinter steckte, war aber gleichzeitig voller Hoffnung, dass sich nun vielleicht doch alles wieder einrenken würde.

Ich wappnete mich, ließ mein Kopfkino und meine Ängste korrigieren, damit das Treffen möglichst stressfrei verlaufen würde. Ich fürchtete mich vor allem vor weiteren finanziellen Forderungen, denn ich wollte nicht länger Goldesel ohne Rechte sein und bereitete mich durch das Coaching erstmalig darauf vor, auch selbst Grenzen zu setzen und neue Regeln für weitere Zahlungen vorzugeben. Ich war danach durch die Korrekturen fühlbar sicherer!

Das Treffen verlief holprig und nicht wirklich angenehm. Innerlich war ich auf Distanz gegangen aus Angst, dass jeden

Moment wieder etwas Unangenehmes geschehen würde. Anna war fast erschreckend erwachsen geworden und mir so fremd. Eigentlich sprachen wir nur über Belanglosigkeiten wie das Wetter, und sobald es etwas persönlicher wurde, blockte meine Mutter das Gespräch ab und es entstanden peinliche, lange Gesprächspausen. Aber Anna zeigte mir ihr Zimmer und so waren wir zum ersten Mal nach all diesen Jahren für einen kleinen Moment allein. Es war ein eigenartiges Gefühl – es gab keinerlei Nähe mehr, aber immerhin so etwas wie eine beiderseitige Absichtserklärung, so etwas wie ein Friedensabkommen und Hoffnung auf mehr. Und auch wenn ich bis heute nicht weiß, was der wirkliche Grund für dies erste Treffen war, so brachte es doch unglaublich viel in Bewegung.

Ich hörte zum Beispiel, dass Anna dringend einen Ausbildungsplatz suchte. Und sie willigte sogar ein, sich von Gila unterstützen zu lassen! Und auch hier half das Coaching, eine schnelle Lösung zu finden, denn schon eine Woche später unterschrieb Anna tatsächlich einen Ausbildungsvertrag!

Einige Wochen später haben wir uns wieder getroffen – diesmal nur wir beide. Anna hatte Geburtstag gehabt und ich lud sie zum Essen ein. Zwei Stunden saßen wir zusammen und lernten uns neu kennen. Die Themen, die von früher zwischen uns standen, besprachen wir nicht. Es fühlte sich noch immer an wie vorsichtiges Gleiten auf brüchigem Eis. Es war zwar holprig, aber ich spürte deutlich, dass sie sich Mühe gab, den Gesprächsfaden nicht abreißen zu lassen.

Inzwischen sind sechs Monate vergangen seit unserem ersten

Treffen. Die Dinge haben sich unglaublich positiv entwickelt. Ich kenne Anna noch immer viel zu wenig, doch es gibt mehr Nähe und heute bekomme ich jeden Tag Nachrichten von ihr per WhatsApp über mein Handy. Sie meldet sich mit diesen kleinen Texten, wenn sie mir etwas erzählen möchte oder Unterstützung braucht. Und kürzlich bin ich fast vom Stuhl gefallen: Meine Festnetzleitung klingelte und als ich mich meldete, hörte ich „Hallo Mama, ich bin's." Zuerst hielt ich es für eine Fata Morgana, denn angerufen hatte sie mich noch nie! Und es war ein ganz normales Gespräch, denn sie erzählte mir völlig entspannt aus ihrem Leben und was grad so los war. Das Gespräch dauerte fast eine halbe Stunde. Mein Mann sagte „Das war doch nicht wirklich Anna, oder?" Und so ganz nebenbei hat sie mir in diesem Gespräch mitgeteilt, dass sie ab März keinerlei finanzielle Unterstützung mehr brauchen würde. Und das alles nur 9 Monate nach der ersten Coaching-Sitzung!

Im Gespräch ...

Gila Delbrück: Wie ist heute das Verhältnis zu deiner Mutter?

Ich war damals so erschrocken, als ich sie wieder gesehen habe. Sie wirkte verbittert und verhärmt und ich weiß, dass sich inzwischen alle Freunde von ihr abgewendet haben. Sie ist heute ganz allein. Ich kann nicht vergessen, dass sie mich verklagt, beschimpft und bedroht, mir meine Tochter genommen und mich finanziell ausgenommen hat. Mein Mann hat mich jahrelang weinen sehen und ich vertraue ihr heute weniger denn je. Aber es ist merkwürdig. Ich fühle keine Wut. CQM hat da ganz viel aufgelöst. Und irgendwie tut sie mir heute sogar leid.

Wo hat dich CQM am meisten unterstützt?

Zweifellos in der Beziehung zu Anna. Aber auch in der beruflichen Situation – die ja parallel zu den Beziehungsthemen in regelmäßigen Sitzungen bearbeitet wurde – bin ich heute viel erfolgreicher. Meine Kunden rennen mir die Bude ein und ich suche mir heute meine Jobs und Auftraggeber aus. Ich kann ganz klare Grenzen setzen und bin fest davon überzeugt, dass ich richtig gut bin in meinem Job. Ich bin mit jeder Sitzung mutiger und sicherer geworden, viel selbstbewusster, klarer und zielgerichteter. Heute bestelle ich mir meine Jobs ganz konkret - und bekomme sie auch. So wie es in den letzten Monaten beruflich zur Sache gegangen ist, bin ich sicher, heute auf einem turbo-aufsteigenden Ast zu sein.

Was würdest du Menschen raten, die sich einen CQM Coach suchen?

Die Methode ist einfach klasse und die Begleitung durch einen erfahrenen Coach macht es viel einfacher, mit bestimmten Situationen umzugehen. Wenn ich ein Loch im Zahn habe, gehe ich ja auch zum Zahnarzt und lasse mir helfen. Ich rate dazu, sich einen CQM-Vollprofi zu suchen, der individuell und professionell arbeitet und sich wirklich gut auskennt. Die Sitzungen sind sehr persönlich und mir war es deshalb wichtig, auf einer Wellenlänge zu sein. So kann ich offen und ehrlich aussprechen, was ich keinem anderen sagen würde, mich völlig öffnen und mich trotzdem sicher und geleitet fühlen. Das bringt mich so schnell weiter wie nichts von dem, was ich früher kennengelernt habe. Nach diesen

Sitzungen passieren immer wunderbare, überraschend schöne Sachen und vor allem auch die Ergebnisse, die man haben wollte.

Dein Fazit heute?

Es ist noch nicht ganz eitel Sonnenschein, aber es ist viel heller geworden. CQM hat mich aus dem tiefsten Loch geholt, mir meine Tochter zurückgebracht und meine Firma zum Aufblühen gebracht. Mir erscheint nichts mehr unmöglich! Insgesamt fühle ich mich heute unglaublich frei!

gut zu wissen

Einer der wichtigsten Aspekte in den Sitzungen dieser Geschichte war das Finden des „übergeordneten Ziels". Es ging nicht darum, auf jeden Fall Recht zu bekommen, Rache zu üben oder dem Gegenüber zu drohen, sondern all das aufzulösen, was einem entspannten Verhältnis zwischen der Erzählerin und ihrer Tochter im Wege stand. „Ich will meine Tochter zurück" – war das, was dieser Klientin am allerwichtigsten war.

Das Auflösen von Konflikten ist oft vielschichtig und braucht neutrale Kommunikation, die erst durch das Korrigieren von Resignation, Angst, Wut und Schuldzuweisungen möglich wird. CQM macht es oft möglich, neutraler mit Vergangenem umzugehen und wieder optimistisch in die Zukunft zu schauen. Diese Geschichte zeigt, dass sich solche Korrekturen auch auf das Umfeld auswirken – und plötzlich eine Postkarte von jemandem kommen kann, von dem man es nicht mehr erwartet hätte!

Die Entscheidung

„Ich bin schwanger", sagt meine Frau. Ihre Worte dröhnen in meinen Ohren. Ich komme mir vor, als hätte mir jemand mit einem Hammer auf den Kopf geschlagen. Tränen steigen in meine Augen und so leid es mir für sie tut – diese eigentlich ja freudige Nachricht ist für mich wie mein eigenes Begräbnis. Meine Frau weiß, dass ich kein zweites Kind will – jedenfalls jetzt nicht. Noch zwei Wochen nach dieser Nachricht bin ich wie im dunkelsten Keller, kämpfe mit mir, denke an Abtreibung und hadere mit Gott: „Warum tust du mir das an? Warum stellst du mich vor so eine Entscheidung?"

„Fahr mal wieder zu Gila", sagt meine Frau.

In der Praxis machen wir eine Aufstellung mit speziellen Figuren. Eigentlich sehen sie alle fast gleich aus, aber ich finde es spannend, dass ich zu den Einzelnen trotzdem ganz eindeutige Emotionen habe. Manche stehen dort verdeckt und scheinen sich zu verstecken, manche strahlen mich geradezu offen an. Das ist eine sehr interessante Erfahrung. In dieser Aufstellung werden alle Aspekte sichtbar, die meine Situation beinhalten, und gleichzeitig wird mit CQM gearbeitet und korrigiert, was zu sehen ist und mich gerade belastet.

So stehe ich beruflich in dieser Zeit enorm unter Strom. Die Branche, in der ich arbeite, ist schnelllebig und ich muss immer aufpassen, am Ball zu bleiben, damit genügend Geld für uns herein kommt. Meine Selbständigkeit ist deshalb verbunden mit der latenten Angst, dass jederzeit etwas passieren könnte, was uns die Sicherheit raubt. Die gesamte Last ruht auf meinen Schultern. Ich fühle mich oft überfordert und ausgelaugt und sehe nur Problemberge um mich herum: die Firma mit den Angestell-

ten, unseren energieraubenden Erstgeborenen, unser Haus, das für vier Personen viel zu klein wäre und vor allem meine eigene körperliche Verfassung. Meine Belastungsgrenze ist schon lange erreicht, wenn nicht sogar überschritten. In mir schreit es: „Und wo bleib ich? Ich komme zu kurz! Ich hab ja schon jetzt keine Zeit für mich zum Auftanken! Ich werde das nicht schaffen!"

Unseren kleinen Sohn liebe ich über alles und ich kann mir überhaupt nicht vorstellen, wie ich diese Liebe aufteilen sollte, wenn ein zweites Kind da wäre. Und was würde passieren, wenn die Schwangerschaft nicht gut verliefe – wenn meiner Frau etwas geschehen würde oder das Kind krank zur Welt käme? Wie um Himmels Willen sollte ich all das bewältigen und das Geld dafür aufbringen?!

Gila lässt mich erzählen, korrigiert, stellt ein paar Fragen, korrigiert. Schweigt. Gibt mir Zeit. Und dann bin ich plötzlich ganz klar in meinen Gedanken und kann die Entscheidung treffen: eine Abtreibung kommt für mich auf einmal überhaupt nicht mehr in Frage! Ich nehme die Figur aus der Aufstellung heraus. Atme tief durch. Plötzlich fühlt sich alles richtig an. Das Baby ist willkommen!

Ich war noch nie bei einem CQM Erlebnisabend oder Seminar. Meine Frau hat es aber vor einigen Jahren gelernt, wie schon einige Dinge vorher. Bei manchen Dingen hab ich gedacht „Was für ein Blödsinn!", aber das Eine oder Andere picke ich mir dann doch immer heraus und geh dann meinen ganz eigenen Weg mit diesem neuen Wissen. Im Gegensatz zu meiner Frau hab ich bis heute kein Problem damit, klassische Medizin zu nutzen oder Tabletten zu nehmen. Allerdings hat auch CQM mir wirklich immer wieder sehr geholfen. Mit meiner Frau setze ich mich aber nur selten zusammen, damit sie korrigiert, wenn mich etwas belastet. Das vermeide ich, weil es oft Dinge sind, die sie auch betreffen. Ich geh lieber zu einem Coach, weil das eine neutrale Person ist und ich das Gefühl habe, dort viel mehr abladen zu können. Das ist für mich wie ein Besuch beim Psychologen – obwohl ich ehrlich gesagt noch nie bei einem war. So stell ich es mir jedenfalls vor. Ich kann dort endlich einmal über die Dinge sprechen, die mich belasten. Allein das ist für mich eine große Hilfe. Vieles kann ich mir ja auch selbst herleiten, aber häufig wird auch in diesen Sitzungen deutlich, wo die Lösung ist – nämlich immer bei mir! Und der Coach korrigiert parallel zum Gespräch und findet häufig Hintergründe und Ansätze, auf die ich selbst nie gekommen wäre.

Ich hab deshalb schon seit einigen Jahren immer mal wieder diese Coaching-Sitzungen genutzt. Anfangs stand ich noch regelrecht unter Leistungsdruck, war unglücklich im Büro und jeder kleine Auslöser hat mich tierisch gestresst. Oft fühlte ich mich persönlich angegriffen, litt an unangenehmen körperlichen Symptomen, hatte zum Beispiel immer wieder Beschwerden der Atemwege und war ständig schlapp und antriebslos. Ein alternativ arbeitender Arzt sagte mir einmal, ich sei hochsensibel und leide an der „Übernahmekrankheit“. Ich eigne mir nämlich ganz viel von anderen Menschen an – die Traurigkeit des Bettlers an der Straßenecke, die Wut eines Autofahrers neben mir oder der Stress meiner Angestellten begleiten und belasten mich tatsächlich, als wären es meine eigenen Probleme.

Wenn ich dann mit meinem Coach spreche und sie dabei

korrigiert, merke ich oft schon während der Sitzung, wie der Kopfdruck verschwindet und die Nase wieder frei wird. Selbst wenn man nichts Akutes lösen muss, finde ich es inzwischen unheimlich sinnvoll, das in regelmäßigen Abständen zu machen. Einfach mal sprechen, alles auf den Tisch legen, was gerade nicht so läuft, wie ich es mir wünsche – und es korrigieren lassen. Das tut mir einfach gut und ich mache das gern. Mir geht es durch diese Sitzungen heute im Vergleich zu früher viel besser. Wir haben mittlerweile an vielen verschiedenen Themen gearbeitet, auf Unternehmensebene und auch privat. Ich habe dadurch mehr Zeit für mich gewonnen und die Firma läuft schon seit langer Zeit super. Die Sorge um die finanzielle Sicherheit ist infolgedessen in den Hintergrund gerückt, ich fühle mich heute ruhiger und kann mit den täglichen Verpflichtungen und meiner hohen Sensibilität sehr gut umgehen.

Im Gespräch ...

Gila Delbrück: Deine kleine Tochter ist inzwischen 2 Jahre alt. Wie geht es dir damit?

Großartig! Sie ist ganz zauberhaft. Wie hätte ich jemals ohne dies Kind auskommen können?! Sie bringt so viel Freude in unsere Familie. Die Entscheidung für diese Schwangerschaft und dieses Kind war ganz klar der richtige Weg. Meine Frau hat ihr Mädchen, das sie betüddeln kann, und für unseren Sohn ist sie eine kleine Spielkameradin. Und ich finde, dass sie uns alle zusammenhält. Sie fragt immer, wo alle sind und ist erst zufrieden, wenn die Familie beisammen ist. Sie ist wirklich wichtig für uns alle. Und sie ist meiner Mutter so ähnlich – nicht nur im Aussehen, sondern auch im Verhalten. Sie hat ähnliche Vorlieben und den gleichen Dickkopf. Darüber bin ich immer wieder erstaunt. Und ich bin so froh, dass meine Entscheidung für dies Kind gefallen ist. Wer weiß, wie sich meine Ehe entwickelt hätte, wenn ich eine andere Wahl getroffen hätte! Meine Frau hätte es vermutlich mitgetragen, aber ob die Ehe das auf Dauer ausgehalten hätte? Wer weiß.

Was bedeutet CQM für dich?

CQM ist für mich ein Ventil und ein Lösungsweg. Durch CQM gehe ich heute wesentlich reflektierter mit allem um. Und ich habe dadurch gelernt, dass es immer einen Weg gibt und ich immer zu Lösungen komme. Und was mir an CQM besonders gefällt: es funktioniert auch auf physikalischer Ebene, da, wo man es wirklich sehen und fühlen kann. Es ist real und nicht so abgehoben.

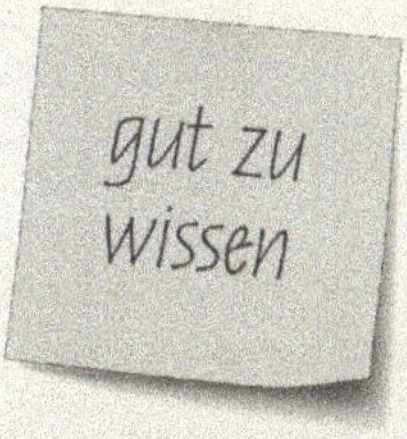

Häufig wird in den Sitzungen deutlich, dass sich die verschiedenen Rollen vermischen, die Menschen in ihrem Leben spielen. Hier sind es unter anderem die Rollen des Unternehmers, Hauptverdieners, Ehemanns und Vaters, die alle bei der Entscheidung des Erzählers Anteil hatten und Angst vor Überforderung mit sich brachten. All diese Gedanken unter einen Hut zu bringen, ist mit Korrekturen gar nicht so schwer. Und plötzlich lösen sich Bedenken auf und Entscheidungen können ganz klar getroffen werden – und CQM rettet manchmal vielleicht sogar Leben.

„Ich würde diesen Sommer über so gern frei haben!“

hab ich im Mai 2013 gesagt, als ich mit meinem Mann spazieren war. Mir war nicht bewusst, dass Gedanken sich so schnell manifestieren! Denn - oops! - einige Schritte später knickte ich mit meinem Fuß um und hatte einen Bänderriss, der im Endeffekt dazu führte, dass mir mein Wunsch erfüllt wurde, und zwar so umfassend, wie ich es mir in meinen wildesten Träumen nicht hätte ausmalen können!

Aber erst einmal zur Vorgeschichte:

In einem großen deutschen Unternehmen war ich die Vertriebsleiterin für Norddeutschland. Viel unterwegs, aber schlecht bezahlt und unter ziemlich unangenehmen Arbeitsbedingungen. Ich fühlte mich wie eine Nummer im System, wie eine Verrechnungseinheit. In dieser Firma rechnet man nämlich in FTE (Full-Time-Equivalent), einer Kennzahl für Personen, die in der Vollbeschäftigung sind. Hier hatten nur Männer etwas zu sagen. Ich spürte: als Frau hatte ich dort keine Chance! Der Umgangston war ruppig und menschenverachtend - und außerdem mit viel Druck verbunden, den ich von oben bekam und nach unten weitergeben sollte. Das widerstrebte mir.

Eine Kollegin fragte mich eines Tages, ob ich sie begleiten würde zu einem CQM Erlebnisabend in Hamburg. Wir wollten uns dort treffen, aber sie versetzte mich kurzfristig. So saß ich allein im Hörsaal und hatte genug Zeit, die Menschen zu beobachten, die für Gabriele Eckert diesen Erlebnisabend organisiert hatten. Mir fiel auf, dass sie alle eine so selbstsichere, gutgelaunte Ausstrahlung hatten. Sie schienen wirkliche Persönlichkeiten zu sein, hatten so glänzende Augen und waren voller Freude. Als ich diese Leute gesehen habe, hab ich gedacht „Wenn CQM das aus Menschen macht, dann will ich das auch!"

Ich war im Laufe des Abends sehr verblüfft, als ich erlebte, wie die Menschen, die sich freiwillig gemeldet hatten, während der Korrekturen zu strahlen begannen. Dieser Vorher/Nachher-Effekt war so deutlich! Und als Gabriele Eckert fragte „Gibt es hier jemanden, der mehr Geld verdienen möchte?", flog mein Arm in die Höhe. Ich durfte nach vorn kommen und sagte, ich würde gern 500 Euro netto pro Monat mehr haben. Eine größere Zahl zu nennen, hatte ich zu diesem Zeitpunkt noch keinen Mut. Die Korrekturen von Gabriele Eckert spürte ich unmittelbar durch Kribbeln und ein enormes Erleichterungsgefühl! Nach diesem Abend machte ich meinen ersten Coachingtermin bei Gila, die den Abend organisiert hatte. Ich wollte mehr davon! Die erste von einigen darauf folgenden Gehaltserhöhungen bekam ich übrigens schon 3 Monate später.

Die Freude an meiner Arbeit steigerte sich auch. Vieles war entspannter. Ich war begeistert und lernte CQM selbst. Die von den Vorgesetzten erwarteten Ziele erreichte ich nun schneller und mit einer nie zuvor erlebten Leichtigkeit, ich erhielt Zuspruch von Kunden und Kollegen und verdoppelte nach einiger Zeit sogar mein Gehalt. Ich fuhr jährlich Tausende von Kilometern und brachte der Firma große Umsätze, aber mein Einsatz wurde vom Unternehmen trotzdem noch nicht so gewürdigt, wie ich es mir wünschte: trotz allen Einsatzes wurde ich nicht befördert und die nächste Karrierestufe blieb mir in dieser Männer-Domäne verwehrt. Immer wieder wurden mir neue Vorgesetzte vor die Nase gesetzt – teilweise Männer, die bedeutend weniger Erfahrung und Wissen hatten als ich. Innerhalb von 5 Jahren hatte ich auf gleicher Position acht verschiedene männliche Vorgesetzte gehabt, die die Lorbeeren ernteten für die von mir entwickelten Projekte. Ich leistete und bemühte mich nach Kräften, ärgerte mich aber über diese Dinge auch immer mehr. Ich plante, nebenberuflich zu studieren, um die nächste Stufe zu erreichen und bestand mit Leichtigkeit die Aufnahmeprüfung für das Studium, das im Herbst beginnen sollte.

Und dann gab es an diesem denkwürdigen Nachmittag im Mai meinen Satz „wenn ich doch nur einmal einen Sommer zuhause wäre!“. Einige Schritte später hatte ich den Bänderriss am rechten Fuß, musste an Krücken laufen und den Fuß schonen. Autofahren war unmöglich – und ich saß wie gewünscht zuhause. Aber das fühlte sich gar nicht so gut an, wie ich gedacht hatte! Mir war langweilig. Laufen durfte ich so gut wie gar nicht, aber vorsichtiges Fahrradfahren war wenigstens erlaubt. So machte ich mit meiner Familie kleine Radtouren in der Umgebung und begann langsam, den Sommer zu genießen. Nach einem dieser Ausflüge hatte ich plötzlich einen Ausschlag am ganzen Körper und dröhnende Kopfschmerzen. Als beides am nächsten Tag noch immer in voller Stärke anhielt, fuhr mein Mann mich zu unserem Hausarzt. Er untersuchte mich und äußerte den Verdacht einer Hirnhautentzündung. Man brachte mich in die Notaufnahme des nächsten Krankenhauses. Es war Ende Mai.

Die Diagnose zog mir den Boden unter den Füßen weg: Man hatte eine „arteriovenöse Malformation“ in meinem Gehirn festgestellt, eine Art Missbildung von Venen und Arterien mit einem großen Risiko für eine plötzlich auftretende Hirnblutung und lebensbedrohlichem Schlaganfall! Ich war zweiundvierzig. Meine Tochter war erst zwölf.

Von jetzt auf gleich schien alles vorbei und kaputt. Alles brach zusammen wie ein Kartenhaus. Gerade hatten wir ein Grundstück gekauft und wollten bauen. Und ich hatte Todesangst!

Man überwies mich zu einem Chirurgen, der mir ausführlich erklärte, um was es ging. Nach seiner Einschätzung musste in einer Operation das betroffene Gewebe schnellstmöglich entfernt werden, denn es sei ein erheblicher Druck darauf und die Gefahr einer spontanen Gehirnblutung sei groß. Der Chirurg war ehrlich zu mir und sagte ganz klar und deutlich: „Es gibt nach der Lage dieser Veränderung in Ihrem Gehirn vier Möglichkeiten. Erstens: Sie bekommen einen Schlaganfall und sind halbseitig gelähmt. Zweitens: Sie sterben bei der Operation. Drittens: Sie können zwar noch hören, aber nicht mehr zuordnen und verstehen, was Sie hören. Viertens: Sie können nicht mehr sprechen." Ich verstand: Die Möglichkeit, dass ich diese Operation ohne schwerwiegende Folgen überstehen würde, war überhaupt nicht vorhanden! Aber mir war auch klar, wenn ich nicht unvermittelt an einer Gehirnblutung sterben wollte, war dieser Eingriff notwendig.

Eine der schlimmsten Erinnerungen aus diesen Tagen ist die Begegnung mit einer Ärztin, die nur sehr gebrochen Deutsch sprach. Sie sollte mit mir die Einverständniserklärung für die erste Operation besprechen und meine Unterschrift dafür einholen. Während dieses Gesprächs kamen für mich unverständliche Sätze aus ihrem Mund, die alle damit aufhörten: „ ... könnte passieren, tot.“ Immer wieder hörte ich „...könnte passieren, tot.“ Meine Angst stieg ins Unermessliche.

CQM war in dieser Zeit mein Haltepunkt. Nach den Erfahrungen der letzten Monate hatte ich gesehen, was für mich auf finanzieller Ebene alles möglich geworden war. Warum nicht auch hier? Und auf irgendeine Art und Weise glaubte ich daran, dass alles gut werden würde.

Mit Gila hab ich viele Sitzungen gemacht, gemailt und telefoniert. Sie hat mich immer wieder in die Ruhe gebracht, mich von Tag zu Tag begleitet. Bei der schlimmsten Voruntersuchung war sie dabei – zwar nicht im Krankenhaus, aber zum gleichen Zeitpunkt präsent und mental an meiner Seite - von ihrer Praxis aus. Mein Mann war während dieses Eingriffes in ständigem Kontakt mit Gila und sie korrigierte währenddessen. Mir wurde nämlich durch die Leiste ein Instrument bis ins Gehirn geführt, um zu sehen, wo genau sich die Malformation befand. Ich musste dabei bei vollem Bewusstsein sein, damit man mit mir sprechen konnte. Als das Kontrastmittel zugeführt wurde, dachte ich, mein Kopf würde platzen. Ich habe noch heute Gänsehaut, wenn ich daran zurückdenke. Die Schmerzen werde ich nie vergessen, aber ich habe es ohne Nebenwirkungen und schnellstmöglich überstanden.

Man erklärte mir dann die weitere Vorgehensweise. Die Operation bestand aus zwei Eingriffen an zwei Tagen nacheinander. Am ersten Tag würde die betroffene Stelle von innen mit einer Art Schaum eingekapselt werden und am Tag darauf von außen aus dem Gehirn entnommen werden.

Mit meinem Mann hatte ich eine intensive, tränenreiche Zeit – wir besprachen alles, was geklärt werden musste. Wir sprachen über Pflegevollmachten, Testament und Beerdigung. Und wir versuchten, unsere Tochter auf alle denkbaren Konsequenzen vorzubereiten.

Einen letzten Termin machte ich bei Gila vor der Operation. Im Beisein meines Mannes gab ich ihr eine Generalvollmacht für Korrekturen. Ich wusste durch die Arbeit mit ihr, dass sie sich einfühlen konnte in mich und meine Situation. Das gab mir das beruhigende Gefühl, dass jemand intensiv an meiner Seite sein würde.

Als Tag eins der Operation begann, war ich gefasst und zuversichtlich. Ich selbst hatte für mich korrigiert, dass alles gut ausgehen würde. Ich hatte meine Ziele fest vor Augen, freute mich auf meine Tochter und unseren Hausbau ... und ließ mich in den Operationssaal fahren.

Einige Stunden später wachte ich auf. Ich wollte nach meinem Mann fragen ... und bekam nur ein Gurgeln aus meinem Mund. Ich selbst hörte diese bedeutungslosen Laute. Ich konnte keinen klaren Gedanken fassen, ich konnte nicht sprechen - und ich war allein in meinem Krankenzimmer!

Das war ein Gefühl, für das es kein Wort gibt. Eine unvorstellbare, unbeschreibliche Panik erfasste mich. Was war mit mir passiert?

Als mich mein Mann kurze Zeit später besuchte, dachte er, es gehe zu Ende mit mir. Ich war komplett verkabelt und überall waren Zugänge gelegt, um meine Körperfunktionen zu überwachen. Ich hatte eine vierzehn Zentimeter lange Operationsnarbe hinter dem linken Ohr. Nach seinem ersten Schock hat er sich einfach an mein Bett gesetzt und meine Hand gehalten. Er hatte solche Angst um mich, aber auch wegen unserer Tochter, unseres Hausbaus, der Finanzen und unserer Lebensträume. Wir haben uns nur aneinander festgehalten. Meinem Mann wurde dann erklärt, dass man die Malformation in meinem Gehirn in diesem eingeschäumten Zustand belassen hatte. Das Entfernen hätte schlimmste Folgen gehabt. Man sagte zu ihm wörtlich: „Sie hätten Ihre Frau eintüten können, sie wäre schwerstbehindert gewesen oder verblutet. Aber der jetzige Zustand ist sicher – es wird an dieser Stelle nichts mehr passieren können."

Angesetzt waren 10 Tage Krankenhausaufenthalt. Aber schon am fünften Tag nach der Operation wollte ich nach Hause und erklärte das mit Händen und Füßen meinem Arzt. Ich hatte eigentlich erwartet, dass er mir einen Vogel zeigen würde, aber er sagte: „Wir können kaum glauben und sind völlig sprachlos, wie schnell alles bei Ihnen verheilt ist und wie gut Sie alles weggesteckt haben. Ich habe keinen Grund, Sie länger hier zu behalten. Sie dürfen nach Hause."

Ich ahnte, dass das mit den Korrekturen zusammenhing. Gleich am nächsten Tag fuhr ich mit meinem Mann zu Gila. Sprechen konnte ich noch immer nicht, aber ich hatte einen kleinen Schreibblock bei mir und versuchte aufzuschreiben oder aufzumalen, was ich sagen wollte. Ich hatte massive

Wortfindungsstörungen, aber wir waren inzwischen ein so gut eingespieltes Team, dass sie sofort verstand, was ich nur mühsam herausbrachte.

Stück für Stück kam ich dann ins Leben zurück, ging dreimal in der Woche zur Logopädie und korrigierte, sobald ich es wieder konnte. Die Unterstützung von außen war wichtig, denn ich war in einer anderen Welt und meiner Familie fremd … und sie mir auch. Wir brauchten viel Geduld miteinander. Alles musste neu gestaltet werden, das Denken, Sprechen, Lesen und Schreiben.

Die Geschichte ist nun ein dreiviertel Jahr her. Noch immer habe ich Denkschwierigkeiten, bekomme manche Dinge nicht so zusammen, wie ich es mir wünsche. Und ich spreche noch immer lückenhaft. Aber es gibt zunehmend Momente, in denen mein Gegenüber nicht einmal merkt, dass ich Probleme damit habe. Besonders schwierig wird es mit dem Sprechen, wenn ich emotional werde und wenn es um Themen geht, die mich belasten. Und ich muss mir heute ganz viel aufschreiben, um es nicht zu vergessen.

Sogar unser neues Haus ist dank CQM Realität geworden. Es gab durch meine Krankheit viele Hürden zu überwinden, denn mein Mann ist in der Existenzgründungsphase und ich bin offiziell noch immer krankgeschrieben. Wir beide hätten unter normalen Umständen keinen Kredit bekommen. Trotzdem hat es geklappt. Wir werden im Herbst einziehen. Mein Mann glaubt nicht daran, aber ich hab gesagt „da kannst du machen, was du willst. Ich hab das korrigiert."

Im Gespräch …

Gila Delbrück: Danke für deine Geschichte. Was ist dein Fazit?

Mein Leben hat CQM total verändert. Von dem Punkt an, wo ich auf der CQM-Spur war, hat sich bei mir alles gedreht. Von dunkel nach hell. Es ging nur noch nach oben. Ohne Rückschlag. Durch CQM bin ich voller Vertrauen durch diese schwere Zeit gegangen. Es war mein tägliches Überlebens-Tool. Viele wundern sich, dass ich so entspannt bin und immer gute Laune habe. Es gibt manchmal noch Durchhänger, aber ich habe Vertrauen und das Gefühl, dass mir nichts mehr passieren kann. Ich weiß nicht, wo ich heute ohne CQM stehen würde. Ich kann mit allen Situationen umgehen. CQM ist mein Anker im Alltag. Und ich habe keine Angst mehr vor irgendwas – warum auch?

CQM ist ein wirksames Werkzeug in allen Krisensituationen – ob es sich um Liebeskummer, akuten beruflichen Stress oder um Todesfälle im Familienkreis handelt. In akuten Notfällen und Konflikten selbst etwas tun zu können – aus der Angst zu Gelassenheit zu kommen, aus Hilflosigkeit und Ohnmacht die eigene Wirksamkeit zu spüren und sich nicht ausgeliefert zu fühlen, sondern vertrauensvoll in die Zukunft schauen zu können – das ist das, was CQM für viele Anwender zu einem unschätzbaren Werkzeug macht.

Bali!

Palmen wiegen sich in der Nachmittagshitze, über glitschige Steine habe ich mich bis an den Rand eines großen Wasserfalls gewagt und mich unter einen Felsüberhang gestellt. Die Macht und Kraft der unberührten Natur und die Geräuschkulisse machen mich atemlos. Die Wassertropfen glitzern wie Sprühregen in der Sonne, bevor sie weit herabfallen. Ich habe Tränen in den Augen – für mich ist es ein fast unbeschreiblicher Moment und ich kann es kaum fassen, dass ich wirklich hier stehe.

Ich hätte es niemals für möglich gehalten, dass mein Traum jemals Wirklichkeit werden würde. In den letzten 23 Jahren bin ich überhaupt noch nie für zwei Wochen von zu Hause weggewesen, habe Wohnung, Kinder und Hund nie allein gelassen. Ich bin allein erziehend, und das Geld hätte dafür sowieso nicht gereicht. So eine Reise ans andere Ende der Welt passte ganz einfach nicht in mein Leben. So dachte ich jedenfalls noch bis vor 2 Jahren.

Zu CQM kam ich damals durch eine Freundin. Sie wusste, dass ich schon seit Jahren Reiki und andere spannende Dinge machte und mich für solche alternativen Dinge interessierte. Sie schenkte mir das „Fische-Buch". Ich wusste sofort, dass CQM für mich wichtig war. „Damit kann ich etwas bewegen! Da passiert was!", dachte ich. Für den kleineren meiner beiden Söhne, bei dem eine chronische Krankheit diagnostiziert worden war, wäre das bestimmt eine gute Unterstützung. Das war meine Motivation, CQM selbst zu lernen.

Eine erste Notfallsituation gab es kurz nach meinem CQM I Seminar, als mein großer Sohn sich heißes Fett ins Gesicht gespritzt hatte. Überall im Gesicht waren Fettblasen, er hatte starke Schmerzen. „Jetzt oder nie! Ins Krankenhaus können wir immer noch fahren", hab ich gedacht und erst einmal angefangen zu korrigieren. Nach dreißig Minuten hatte mein Sohn keine Schmerzen mehr, und als er am nächsten Tag zum Frühstück kam, war die Haut zwar ein bisschen braun, aber sonst war nichts mehr von dem Unfall zu sehen. „Mama, du musst in die Welt damit!", meinte er. Ein anderes Mal hat er sich mit einer Säge tief in die Hand geschnitten. Wieder hab ich gedacht: „Ich probier mal ein bisschen CQM". Am nächsten Tag sagte er: „Schau mal, Mama. Ist das nicht genial? Damit muss ich nicht mehr zum Arzt, das ist schon fast zugeheilt. Mannomann, ein bisschen spooky ist das schon, aber das ist wirklich eine coole Methode!"

Ab und zu hatte ich schon anderen Menschen Reiki gegeben, aber immer nur im absoluten Hobby-Modus und dann auch nur zu Hause im Wohnzimmer. Ich hatte allerdings kaum Zeit dafür, denn Arbeit, Kinder und Hund forderten mich sehr und ließen mir kaum Freiraum für andere Dinge, obwohl ich gern mehr davon gemacht hätte.

Diese beiden Erlebnisse mit meinem Sohn hatten mich aber so verblüfft und mir Mut gemacht, sodass ich völlig automatisch begann, mit anderen Menschen über CQM zu sprechen und ihnen zu erzählen, was damit passieren kann. Einige konnten das gar nicht glauben, andere sagten: „Kannst du das mit mir auch mal machen?" und diese Nachfragen wurden immer mehr. Es sprach sich herum. Aber wie sollte ich das alles unter einen Hut bringen?

Ich hab deshalb eine Coaching-Stunde für mich gebucht. Da

kam so viel hoch und danach ist so viel passiert! Ich wusste plötzlich ganz genau, wo der Weg hingehen sollte: Ich würde die Stunden in meinem Arbeitsverhältnis verringern und nach und nach umsteigen in die Selbständigkeit mit einer kleinen Praxis für Energiearbeit und CQM. So würde ich endlich mehr Zeit haben für meine Kinder. Ein bisschen Herzklopfen hatte ich noch dabei. War das wirklich realistisch oder nur ein Hirngespinst?

In den Praxisgruppen und für mich allein habe ich mich danach intensiv um dieses Ziel gekümmert. Es ging um fehlendes Vertrauen in mich selbst und in meine Intuition, und vor allem auch um meine Rolle als Frau und Mutter. Ich war ja so (gerne!) unentbehrlich und fand es wunderbar, wichtig zu sein und gebraucht zu werden. Und dass mir selbst Dinge fehlten und tief in mir Wünsche darauf warteten, in Erfüllung zu gehen, nahm ich gar nicht wahr.

Heute – knapp 2 Jahre nach meinem ersten Seminar - arbeite ich tatsächlich nur noch halbtags und habe in einer wunderschönen Altbauvilla in einer ruhigen Seitenstraße eine kleine Praxis gemietet. Sie fängt langsam an zu laufen, meine Finanzen sind stabil und werden immer besser. Ich mische CQM mit allem, was ich schon vorher angewendet habe, arbeite völlig intuitiv und meine Kunden sind superbegeistert. Dass es in einer Sitzung einfach „Pling!" macht, sich sofort etwas bewegt, sich alles neu und anders anfühlt, können sie manchmal gar nicht glauben.

Und wenn ich mich selbst so anschaue – auch das kann ich selbst heute kaum glauben: Vor zwei Jahren war ich noch ziemlich unsicher in Bezug auf meine eigenen Fähigkeiten und Wünsche und völlig verhaftet in meinem Mutterbild und meiner Funktion. Ich hab damals sehr gut funktioniert. Erst die Kinder, dann ich. Heute bin ich eine ganz andere Frau, ich lebe mit viel mehr Freude, Leichtigkeit und Spaß und bin gesundheitlich viel besser drauf als früher. Meine Kinder finden das klasse und profitieren sehr von meiner neuen Leichtigkeit. Ich kann jetzt körperliche Erscheinungen auch viel besser einordnen und korrigiere sie mit CQM. Und ich lerne mich selbst immer besser kennen und bin oft überrascht, was da so alles in mir steckt.

Mein Traum war es immer gewesen, einmal in meinem Leben nach Bali zu fliegen. Wenn ich daran dachte oder Reiseberichte über Bali im Fernsehen sah, fingen meine Tränen an zu laufen. Irgendetwas berührte mich, wenn es um Bali ging, aber eine eigene Reise dorthin schien mir völlig utopisch zu sein. Das Erfüllen dieses Herzenswunsches ist durch CQM möglich geworden. Ich weiß heute: nur wenn ich für mich selbst sorge, kann ich auch eine gute Mutter sein. Völlig entspannt konnte ich deshalb für diesen Urlaub meine Kinder und den Hund vertrauensvoll in die Obhut lieber Menschen geben, eigene Grenzen überwinden und etwas völlig Neues in mein Leben holen. Ich habe festgestellt: es geht auch sehr gut mal ohne mich! Und dieses Glücksgefühl unter dem Wasserfall auf Bali habe ich CQM zu verdanken!

Im Gespräch …

Gila Delbrück: Stell dir vor, du triffst jemanden, der gerade von CQM gehört hat. Was sagst du ihm?

Trau dich da ran – das kann jeder! Es ist spannend und so leicht. CQM und das ganze Drumherum ist wie ein Familientreffen. Man kennt sie alle, ist so herzlich und so ehrlich miteinander. Und die Praxisgruppen sind ein Geschenk – es ist total nett dort. Man kann dort etwas für sich tun und findet auch den Mut, dabei zu bleiben und immer weiter zu machen. Dann merkt man nämlich erst, was da alles passiert, und ich finde, dafür sind die Gruppen total wichtig. Wäre ich nicht dorthin gegangen, wäre ich vielleicht in meine alten Muster zurückgefallen oder hätte CQM nicht so angewendet, wie ich es heute tue und ich hätte vermutlich keine Praxis.

Und wie sind deine Erfahrungen mit Klienten?

Am Anfang wollte ich, dass alle anderen CQM auch toll finden sollen. Aber irgendwann hab ich begriffen, dass jeder für sich selbst verantwortlich ist und manch einer weiterhin wütend sein oder den eigenen Blickwinkel auf keinen Fall verändern will. Das finde ich zwar schade, kann das inzwischen aber gut so sein lassen. Ich schaue aber auch, dass meine Kunden zu mir passen und ich selbst mich in der Arbeit auch wohl fühle. Ich erzähle meinen neuen Klienten, dass ich durch energetische Arbeit Blockaden aufspüre und auflöse, und dass sich dadurch ganz viel im Leben verändern kann. Was das genau sein wird, kann ich vorher nicht sagen. Ich gebe den Anstoß und den Impuls, aber den eigenen Weg gehen müssen meine Klienten dann alleine. Sie achten nach den Sitzungen dann auf „Signale" – wo sich etwas verändert, was neu und anders ist. Vielleicht entdecken sie dann den Sinn dahinter, neue Möglichkeiten oder einen Perspektivenwechsel. In den meisten Fällen geht's ihnen hinterher einfach deutlich besser!

Was bedeutet CQM für dich?

CQM bedeutet so viel Leichtigkeit, das ist nicht mit Geld zu bezahlen. Ich habe heute ganz viel Vertrauen ins Leben und bin so dankbar, dass CQM ein Teil davon ist. Es macht das Leben einfach leichter! Ich weiß, dass ich erfolgreich in meiner Praxis bin, weil das, was ich mache, einfach gut ist. Je mehr Licht, Liebe und Vertrauen jeder für sich selbst hat, desto besser wird es uns allen gehen. Deshalb mache ich es! Und damit ich das nie wieder vergesse, liegt eine Muschel aus Bali auf meinem Schreibtisch. Und ich sage ein „Danke“ an alle, die mich auf diesem Weg begleiten!

Viele CQM Anwender berichten, dass sie vor dem Erlernen von CQM ganz unbewusst unterwegs waren in alten Verhaltensweisen, Glaubenssätzen und Vermeidungsstrategien – und dass ihnen oft nicht einmal klar war, was sie denn davon abhielt, die Dinge zu tun, die sie eigentlich tun wollten. Da kam immer gleich eine Stimme aus dem Hinterkopf „das geht nicht“, „das macht man nicht“, „was würden die anderen dazu sagen, wenn ich ...?“ und viele Handlungsoptionen tauchten nicht einmal als flüchtige Idee in ihren Gedanken auf - während andere Leute mit Gelassenheit

und Selbstverständlichkeit eben diese Dinge tun. Was ist bei denen denn so anders? Ganz klar: sie denken anders! Da geht es eben doch, man kann das machen, und was die anderen sagen … darüber denken sie gar nicht erst nach.
Wenn sich der Nebel dieser „Tu dies nicht“ und „Lass das lieber“ durch CQM lichtet, werden plötzlich Möglichkeiten nicht nur denkbar, sondern erlebbar. „So was hätte ich früher nie gemacht!“, sagen CQM Anwender häufig.

In diesem Beispiel wird deutlich, dass jemand, der viel Zeit damit verbringt, den Bedürfnissen der eigenen Kinder und dem beruflichen Umfeld Aufmerksamkeit und Zuwendung zu schenken, sich oft selbst vergisst – manchmal auch mit physischen oder psychischen Folgen.

Die eigenen Bedürfnisse zu erkennen und zu erfüllen (Anerkennung, Ausruhen, Freude, Abwechslung), ist aber ein wichtiger Bestandteil für ein gutes Lebensgefühl. Und die Arbeit an sich selbst – an den eigenen Wünschen, Emotionen oder Ängsten – lässt neue Optionen entstehen, die man eigentlich für undenkbar hielt.

Ruft jetzt – in diesem Moment – etwas in Ihnen? Was ist das, was SIE am liebsten tun würden? In welchen Momenten hören Sie Ihre innere Stimme „das ist unmöglich“ sagen?

Familien-CQM – bei uns machen das alle!

„Ein Poltern, lautes Geschrei, dann nur noch Wimmern. Unser kleiner Sohn, gerade 1 ½ Jahre alt, ist die steinerne Kellertreppe heruntergefallen, hat sich dabei mehrfach überschlagen. Ich bin erschrocken, als ich ihn sehe. Er hat an mehreren Stellen zentimetertiefe Dellen im Schädel und schreit! Ich bin sonst immer recht ruhig, denke nun aber doch, dass wir wohl in ein Krankenhaus fahren müssen. Meine Frau nimmt den Kleinen jedoch in den Arm und sagt: „Komm, wir korrigieren erst mal." Er wird immer ruhiger und entspannt sich zusehends. Gebannt stehe ich daneben und kann kaum glauben, was ich beobachte, während wir zu zweit korrigieren: Man kann tatsächlich sehen, wie sich der Schädel wieder ausstülpt! Es ist der Wahnsinn! Bei Kindern geht so etwas so schnell weg, wenn man korrigiert!"

Ich bin einer von denen, die durch ihre Frau zu CQM gekommen sind. Ich bin Unternehmensberater und hatte 2010 mein viertes Jahr in diesem Beruf. Die ersten zwei Jahre waren grandios gewesen, ich hatte zusätzlich zu meinem Gehalt Bonuszahlungen bekommen und dachte, das würde immer so weitergehen. Doch dann bekam ich aus irgendeinem Grunde Stress mit meiner Chefin und in den nächsten zwei Jahren entwickelte sich meine berufliche Situation so, dass ich kurz vorm Burn Out war. Schließlich hatte ich fast jeden Morgen Angst, in die Firma zu gehen. Ich wollte nur noch weg, mich irgendwo einbuddeln. Diese Phase hielt wirklich lange vor und meine Frau konnte das auch schon nicht mehr mit ansehen.

Zu dem Zeitpunkt war meine Frau von einer Bekannten zu einem Erlebnisabend eingeladen worden. Als sie zurück nach Hause kam, konnte sie kaum in Worte fassen, was sie dort gesehen und gehört hatte. Sie war unheimlich fasziniert von den Leuten, die vorn auf der Bühne waren, vor der Arbeit mit CQM total fertig aussahen ... und nach den Korrekturen gut drauf waren und strahlten!

Meine Frau machte also für sich einen Termin bei Gila Delbrück. Es ging darum, dass sie nicht damit zurechtkam, dass meine Eltern immer bei uns übernachten wollten, wenn sie in der Stadt waren. Sie fühlte sich so eingeengt dadurch und zwischen uns kam es jedes Mal zum Streit, wenn wir versuchten, eine Lösung zu finden. Wir wussten beide nicht, wie wir da herauskommen sollten. Außerdem brauchten wir einen größeren Wagen für unsere wachsende Familie, waren aber in unserem Denken so eingeschränkt, dass wir uns nicht vorstellen konnten, ein größeres Auto zu fahren als unseren Golf. Wir gingen wohl auch davon aus, uns das nicht leisten zu können. Das wurde unter anderem in der ersten Sitzung meiner Frau bei Gila bearbeitet.

Ich machte dann im Dezember 2011 auch einen Termin. Gila schaute mich an und ich weiß noch ganz genau, dass sie fragte „Schickt Ihre Frau Sie? Oder kommen Sie freiwillig?" Das fand ich lustig. Eigentlich hatte ich die Sitzung nur aus Neugierde gemacht, um mal diese spannenden Dinge zu erleben– und erst während der Sitzung wurde mir klar, wie sehr mich die berufliche Situation belastete. Tatsächlich gab es da so einige Baustellen zu beackern. Ich erinnere mich, dass ich an diesem Abend viel Frust los wurde, innerlich ein Stück wuchs und mich mental vom Anfängerstatus in der Firma verabschiedete und eine gefühlt neue Stellung einnahm. Offensichtlich bekam der Körper einiges zu tun, diese Spannungen loszulassen, denn als ich zurück zu Hause war, hat eine massive körperliche Reaktion eingesetzt. Ich bin sofort mit Wärmflasche ins Bett und habe 12 Stunden durchgeschlafen. Am nächsten Morgen war ich so gut drauf wie schon seit Jahren nicht mehr! In der Firma haben die Leute von diesem Zeitpunkt an völlig anders auf mich reagiert, es fühlte sich alles total gut an.

Im Januar vereinbarte ich einen zweiten Termin. Ich wollte ein paar sehr persönliche Fragen klären. Das machten wir anhand einer Systemischen Aufstellung mit Playmobilfiguren. Playmobilfiguren kannte ich natürlich, doch dass diese Figuren auch so ein spannendes Eigenleben haben können, war mir neu! Großen Einfluss hatte die Position des Großvaters in meiner Familie. Ich habe ihn nie kennengelernt, doch er hatte ein ganz besonderes Schicksal, das auf alle ausgestrahlt hat. Außerdem korrigierten wir an meinem Rollenverhalten als Vater, Ehemann und als „Mann überhaupt".

Eine Woche nach dieser zweiten Sitzung gab ich Gila mein Feedback: „Nach der Sitzung bin ich fast weinend vor Glück nach Hause gefahren. Es fühlte sich so unglaublich gut an! Inzwischen habe ich meine Position in der Familie gestärkt und mich inzwischen auch gegenüber meinem Schwiegervater mehr behauptet. Es geht steil bergauf auf allen Ebenen!" Übrigens habe ich kurz danach ein großes Auto gekauft. Gila hat gelacht, als ich damit bei ihr ankam! Ich brauchte einen Moment, um zu verstehen, warum.

Meine Frau und ich haben CQM dann zusammen gelernt in Berlin im Juni 2012. Das war besonders schön, weil es eines

der ersten Wochenenden ohne Kind war seit 1 ½ Jahren. Am Montagmorgen haben wir dann zusammen auf der Rückfahrt im Zug gesessen und vor Glück geheult, weil wir es so bewegend fanden, dass wir das erleben durften. Die ganze Welt hatte sich an diesem Wochenende gedreht! Das war phänomenal.
Seither hab ich einen unheimlichen Run. Alles funktioniert! Wir haben inzwischen viele CQM Seminare, Tagesworkshops und Praxisgruppen besucht und nutzen CQM ständig und überall.

Auch im Beruf arbeite ich damit und korrigiere oft vor wichtigen Terminen. Ich schreibe mir alle Beteiligten auf und alles, was irgendwie in das Projekt reinspielt. Dann setze ich alle Gesichtspunkte zueinander in Verbindung und teste blind diese Verbindungen, korrigiere die bestehenden Schwächen, schaue mir schließlich die wichtigsten Verbindungen genauer an und spüre tiefer hinein in die Aspekte, die schwach getestet hatten. Ganz oft hab ich damit wirklich verblüffende Ergebnisse erzielt. Und natürlich korrigiere ich im Arbeitsalltag. Wo Menschen zusammen sind, läuft zwischenmenschlich nicht immer alles nur rund. Seit ich korrigiere, ist jedoch alles viel friedlicher und harmonischer geworden. Die Abläufe sind entspannter und schneller, die Effizienz ist größer und die Umsätze steigen stetig.

Im Gespräch ...

Gila Delbrück: Was würdest du sagen – was ist anders, wenn man mit CQM arbeitet?

Man ist so mächtig! Man beeinflusst alles maßgeblich – immer. Was geschieht, hat immer mit einem selbst zu tun. Das ist meine wesentliche Erkenntnis. Das Bewusstsein für diese Dinge ist mit CQM I massiv gewachsen. Ich wusste das rein theoretisch vorher schon, aber ich hatte es zuvor nicht so deutlich und so erlebbar erfahren. Nicht so krass. Durch CQM ist man nicht mehr Opfer der Umstände, sondern man hat letztlich alles in der Hand.

Wie wirkt sich denn CQM auf eure Kinder aus?

Unser großer Sohn ist jetzt 6, seit einem ¾ Jahr korrigiert der auch. Für den ist das ganz normal. „Das kannst du doch korrigieren", sagt er immer. Das kann der auch wirklich! Er hat neulich meine Kopfschmerzen korrigiert. Steht da und fokussiert einfach meinen Kopf – von da nach da – von da nach da. Und dann sind die Kopfschmerzen weg! Er hat sogar schon einmal eine Glühbirne korrigiert. Eine Nachttischlampe ging schon über 3 Monate nicht mehr. Plötzlich ging sie wieder. Unser Sohn grinste. „Hab ich gemacht!" Wir fragen uns manchmal, was der wohl noch heimlich alles korrigiert?!

Meine Frau hatte früher dauernd Angst vor Krankheiten. Das hat sie – vor allem im Hinblick auf die Kinder - abgelegt und korrigiert jetzt lieber, als dauernd zum Kinderarzt zu fahren. Als Eltern sind wir schon immer sehr gelassen gewesen, doch da sind nochmal 200% Gelassenheit hinzugekommen. Unsere Kinder konnten uns früher manchmal an den Rand der Verzweiflung bringen, aber das geschieht so gut wie gar nicht mehr!

Was hat CQM in eurer Beziehung als Liebes- und Elternpaar verändert?

Unsere Paarbeziehung war schon vorher sehr gut und harmonisch und wir konnten auch Konflikte austragen. Es ist aber durch CQM nochmal sehr viel besser und schöner geworden, weil wir nicht mehr so oft in Muster aus dem jeweils eigenen Elternhaus verfallen - und wenn doch, dann kommen wir schneller wieder aus dem alten Muster raus. Es gibt einfach weniger Situationen, in denen wir in eine „Negativ-Spirale" kommen, in der man sich nur noch gegenseitig beschimpft und Schuldzuweisungen macht. Und wenn es so etwas doch mal gibt, dann schafft es meist einer von uns sehr schnell, die CQM-Notbremse zu ziehen.

Mein Fazit: Auch wenn man mir eine Million Euro bieten würde – CQM würde ich nicht wieder hergeben!

gut zu wissen

Kinder lernen CQM sehr schnell – und viele Anwender aus den Seminaren haben es ihren eigenen Kindern gleich nach dem Seminar beigebracht. Kinder gehen ganz spielerisch und selbstverständlich an diese Dinge, denn da gibt es noch keinen inneren Kritiker, der sagt „ob das wohl funktioniert?“ oder „ob ich das auch kann?“, mit dem es die erwachsenen CQM-Seminarteilnehmer so oft zu tun haben. Kinder machen es einfach und korrigieren sich die Schulnoten, den Streit mit dem Sitznachbarn und die sportlichen Erfolge dann manchmal sogar ganz allein. Für die Arbeit *an* kleinen Kindern genügt häufig nur ein Foto oder sogar nur der Name des Kindes für die Korrekturen mit CQM. So können Einflüsse aufgespürt werden, die vielleicht im Familiensystem liegen und eventuell für Bettnässen sorgen, erste Streitereien mit anderen Kindern im Kindergarten aufgelöst werden, die die Ursache dafür sein können, dass das Kind über Bauchschmerzen klagt oder mit Korrekturen für ein harmonischeres Miteinander unter Geschwistern sorgen.

„3-2-1 Kamera läuft“

Ich bin jemand, den viele Leute kennen. Ein V.I.P. sozusagen. CQM habe ich durch eine Freundin kennengelernt. Ich war vor einigen Jahren sogar selbst beim CQM Seminar, inkognito, ungeschminkt, ungestylt. Unter meinem Mädchennamen. Niemand hat mich erkannt. Zu dem Zeitpunkt war ich allerdings auch noch nicht ganz so prominent wie heute. Die BILD-Zeitung würde viel Geld dafür zahlen, Geheimnisse aus meinem Privatleben zu erfahren. Ich gehe deshalb in keine CQM-Praxisgruppe und Diskretion ist mir sehr wichtig.

Vor meiner Zeit mit CQM hatte ich schlecht bezahlte Jobs, wohnte auf Reisen in miserablen Hotels und hatte große Pausen zwischen den Auftritten und Terminen. Alles hörte sich nach außen hin gut an, es war aber hinter der schillernden Fassade alles andere als das Jet-Set- und Promi-Leben, wofür man es von außen halten konnte. Da gab es unglaublich viel nicht nutzbare und vor allem nicht bezahlte Warte- und Reisezeit. Diesen vielen Leerlauf zwischen den Terminen habe ich genutzt und oft aufgeregt oder unter Tränen entweder am Telefon gehangen und mit meinen kleinen Kindern telefoniert, um alles mühsam unter Kontrolle zu behalten und irgendwie doch dabei zu sein – oder viel gelesen, meditiert und mich mit alternativer Heilung beschäftigt, um zur Ruhe zu kommen und mich auf meine Arbeit konzentrieren zu können.

Ich litt während dieser Zeit vor allem darunter, so viel von meiner Familie getrennt zu sein. Trennungen waren mir schon immer schwer gefallen, und früher hatte ich die Kinder deshalb sogar mitgenommen, wenn ich reiste. Das musste natürlich aufhören, als sie in die Schule kamen. Inzwischen waren sie zwar gut und liebevoll untergebracht und organisiert, aber wenn zu Hause der „tägliche Wahnsinn" ausbrach, war ich oft zu weit entfernt, befand mich vielleicht sogar in einer ganz anderen Zeitzone oder war so eingebunden, dass ich weder eingreifen noch helfen konnte. Mein Mutterherz litt. Schuldgefühle plagten mich. Mir war oft zum Weinen zumute, aber ich musste lächeln, gute Laune verbreiten und die Fassade aufrechterhalten. In meiner Branche ist „keep smiling" superwichtig, verweinte Augen werden übergeschminkt und Bilder retuschiert, damit wir in dieser Glitzerwelt des Jet Set alle um die Wette strahlen können und irgendwelche Reporter der Klatsch-Presse aus Augenrändern keine Ehekrisen oder Drogen-Abstürze inszenieren.

Auch mein Mann ist als Manager viel im Ausland unterwegs, und so sind wir beide davon abhängig, dass andere sich um Haus und Kinder kümmern, während wir arbeiten. Das Haus muss abbezahlt werden, unsere Fixkosten für Kindermädchen, Haushaltshilfen oder Benzin sind hoch. Die Kinder waren früher oft krank (oder taten so, als ob!), wenn ich nicht zu Hause war, lebten ihre Pubertät in allen nur denkbaren Facetten aus und brachten die Omas und anderen Betreuer zum Wahnsinn. Die Schule meldete sich wiederholt mit aufrüttelnden Briefen und verlangte elterliches Eingreifen. Manchmal war das für mich kaum auszuhalten und ich war hin- und hergerissen zwischen Beruf und Familie.

Ich wünschte mir die tollsten Jobs – und traute mich dann nicht, sie anzunehmen, weil sie zu langfristig oder zu weit entfernt waren.

Als ich CQM dann kennenlernte, wurde ich endlich handlungsfähiger und zunehmend entspannter. Ich begann damit, meine Rolle als Mutter und Ehefrau neu zu gestalten. Durfte ich so viel unterwegs sein, auch wenn ich Kinder hatte? Durfte ich mein eigenes Leben gestalten, anstatt zu Hause zu kochen und zu bügeln? Musste ich denn wirklich die lukrativen Angebote ablehnen, die mir gemacht wurden, obwohl mein Herz höher schlug bei dem Gedanken an die unbegrenzten Möglichkeiten? Als Allererstes korrigierte ich deshalb alle Schuldgefühle und das Frauenbild, das ich von meiner Mutter und Großmutter übernommen hatte. Danach nahm ich mir unser Familiensystem vor – das harmonische Miteinander war so wichtig, gerade dann, wenn wir getrennt waren. Die Beziehungen zu Schwiegermüttern, Nachbarn und Freunden verbesserten sich zusehends. Erwartungen wurden weniger, Frust und Ärger hörten auf, die Freude am gemeinsamen Gelingen wuchs.

Wenn ich heute unterwegs bin und mich ein Notruf von Zuhause erreicht, kann ich endlich aktiv etwas zur Lösung eines Problems beitragen – ich korrigiere in meinen Pausen, in Wartehallen und im Flugzeug - zuerst meine eigenen Sorgen und dann die Belange der Kinder, wenn es einmal wieder nicht so läuft, wie sie es sich gewünscht haben. Wenn die Kinder heute krank sind (oder eben nur so tun, als ob), weiß ich schnell, was dahinter steckt, mache einige Korrekturen und kann mich dann wieder entspannen und mich auf meine Auftritte konzentrieren. Ich weiß, dass die Kinder bestens versorgt sind. Meine Zeitstruktur konnte ich dank CQM optimieren, die Wartezeit ist sehr viel weniger als früher, in diesen Pausen schreibe ich jetzt Bücher und bereite mich auf

Lesungen und neuerdings auch auf Vorträge vor.

Mein beruflicher Erfolg hat sich seit der Arbeit mit CQM erheblich verbessert – qualitativ und quantitativ. Das Einkommen steigt stetig, ich bin auf lange Zeit ausgebucht. Ich bin nun schon lange nicht mehr genötigt, aus finanziellen Gründen jeden Job anzunehmen, sondern ich kann auswählen und mache mir konkrete Ziele, die ich dann mit Korrekturen unterstütze – und erreiche! Heute wohne ich nicht mehr in drittklassigen Hotels, sondern im Waldorf Astoria, werde im Rolls Royce mit Chauffeur abgeholt und im Privatjet nach Las Vegas eingeflogen. Ich arbeite an den schönsten Plätzen dieser Erde und kenne „Gott und die Welt". Ich fühle mich richtig frei – ohne Limits.

Im Gespräch ...

Gila Delbrück: Was bedeutet CQM für dich?

CQM ist meine Geheimwaffe, mein Turbo, mein Stressauflöser, meine Gelassenheitsdroge und mein Gute-Laune-Süppchen. Ich weiß, dass ich ohne CQM nicht dort wäre, wo ich heute stehe. Ich bin viel mehr bei mir selbst, lasse mich vom Stress meines Teams nicht mehr anstecken und kann mich viel besser auf meine Arbeit und meine Ziele fokussieren. Zu allen größeren und kleineren Projekten nutze ich die Möglichkeit von Telefonsitzungen mit Gila. Das geht immer, egal, wo ich mich gerade auf diesem wunderbaren Globus aufhalte. Bei Auftritten auf der Bühne oder live vor der Kamera ist Gila oft live an meiner Seite – korrigiert hinter den Kulissen oder mental auf Entfernung mein Lampenfieber, den reibungslosen Ablauf und meine optimale Wirkung auf die Zuschauer. Dann fühle ich mich sicher, ruhig und entspannt. Und ich sehe auch so aus, denn die Korrekturen machen mich faltenfreier und entspannter! Gila war vor längerer Zeit auch dabei, als ich in einer großen Gala auftrat und nach meinem Auftritt interviewt wurde. Ich wollte professionell wirken und meine geplanten Projekte auf charmante Weise bewerben, hatte gleichzeitig aber Angst, dass ich vor lauter Aufregung möglicherweise Dinge von mir selbst preisgeben könnte, die ich später bereuen würde. Gila saß hinter der Bühne und korrigierte. So war ich die Ruhe selbst. Noch heute werde ich immer wieder von den Kollegen darauf angesprochen, dass ich so außergewöhnlich entspannt gewesen sei. Und tatsächlich hat sich diese Gala für mich grandios angefühlt - wie „Ein Treffen zum Kaffeetrinken – so ein bisschen Klönen mit Freunden“.

gut zu wissen

Natürlich ist Diskretion eine ganz wichtige Basis für ein vertrauensvolles Coaching – ob es sich um einen Prominenten handelt oder nicht. Und deshalb erfahren Sie – liebe Leserin und lieber Leser – natürlich auch nicht, um wen es sich hier handelt. Für mich ist jeder einzelne Klient ein VIP – eine very important person – und darf sich bei mir auch so fühlen.

Anhand dieses Beispiels können Sie wieder erkennen, wie sehr die verschiedenen Bereiche des Lebens sich gegenseitig behindern oder unterstützen können. Das Mutterherz kollidiert auch in anderen Familien häufig mit der Rolle der berufstätigen Frau und kann dann zu dem Gefühl innerer Zerrissenheit führen. Oft widersprechen sich auch wichtige Werte und haben immer wieder ein ungewolltes „Stop" auf der Reise zum Ziel zur Folge. Wenn es um berufliche Zielsetzungen geht, sollte man bei der Arbeit mit CQM deshalb nie vergessen, auch die anderen Bereiche des Lebens mit einzubeziehen. Wer ist davon betroffen, wenn das Ziel erreicht wird? Wer könnte darunter leiden? Wer könnte unterstützen? Was braucht es genau, um das Ergebnis zu bekommen, das Sie anstreben?

CQM hat in diesem Beispiel trotz der sich widersprechenden Anteile neue Möglichkeiten eröffnet – und damit nicht nur zum gewünschten Erfolg geführt, sondern auch zu einem entspannten Familienleben.

Und außerdem – das wünschen sich viele Frauen – führten die Korrekturen auch zu einem entspannteren und faltenfreieren Gesicht!

Die Büchse der Pandora

(lt. Wikipedia: Die Büchse der Pandora enthielt, wie die griechische Mythologie überliefert, alle der Menschheit bis dahin unbekannten Übel wie Arbeit, Krankheit und Tod. Sie entwichen in die Welt, als Pandora die Büchse öffnete.)

Ich war 32 und schon seit vier Jahren Single. Immer wieder lernte ich Männer kennen, trennte mich aber meist schnell wieder von ihnen aus Angst, verletzt zu werden. Ich erzählte einer Freundin eines Tages davon. Sie lächelte vielsagend, griff in ihre Handtasche und drückte mir einen Flyer in die Hand. „Geh da mal hin“, sagte sie. „Gila Delbrück – Quantensprünge“, las ich. Ich hatte mich schon mit vielen Dingen beschäftigt, kannte mich mit Neurolinguistischem Programmieren und Reiki aus, hatte verschiedene Seminare besucht und interessierte mich für alternatives Heilen. Allerdings kam und ging das wie in Wellen. Immer wieder schaltete sich der Kopf ein und verursachte so etwas wie eine Gegenbewegung „Na ja, das ist auch wieder so ein Blödsinn. Bringt ja alles nichts.“, dachte ich auch diesmal. Aber ich packte den Flyer vorsichtshalber zu Hause in eine Schublade. „Man kann ja nie wissen …“, dachte ich. Ein paar Wochen später hatte ich wieder Liebeskummer. Beim Aufräumen fiel mir der Zettel wieder in die Hand und ich machte einen Termin.

Mein Selbstbewusstsein war damals durch eine schwierige Beziehung und Trennung völlig im Keller und ich hatte seitdem geradezu Angst vor Männern. Mein früherer Partner hatte mich betrogen, beschimpft und beleidigt, war sogar handgreiflich geworden und hatte es verstanden, mir die Schuld dafür in die Schuhe zu schieben. Ich begann, an mir selbst zu zweifeln. Damals brauchte ich sehr viel Bestätigung von außen und mit Kritik konnte ich gar nicht umgehen. Vielleicht hatte er ja Recht, als er sagte, ich sei ein Mensch, den man nicht lieben konnte? Diese Gedanken und viele weitere Ereignisse und Emotionen wurden in der Sitzung bearbeitet und ich spürte, dass einige Zwiebelschichten gelöst worden waren. Mir ging es erheblich besser als vor dem Coaching! Alles fühlte sich plötzlich machbar und leicht an. Groll und Wut waren verschwunden, ich war wieder mehr bei mir selbst und sogar mein Selbstwertgefühl schien gewachsen zu sein.

Also machte ich gleich den nächsten Termin für meine beruflichen Probleme. Ich trug schon seit vielen Jahren sehr viel Verantwortung, hatte schon frühzeitig Führungsaufgaben übernommen, aber ich hatte immer das Gefühl, ausgenutzt zu werden. Ich zeigte unermüdlichen Einsatz und bestellte das Feld für einen guten Ertrag – aber die Ernte wurde merkwürdigerweise immer von anderen eingefahren. Immer wieder wechselte ich den Arbeitsplatz, um endlich den verdienten Status und das entsprechende Gehalt zu bekommen, aber durch den Wechsel änderte sich nie etwas daran. Das Gefühl blieb unangenehm, die Anerkennung fehlte.

Durch die CQM Korrekturen für den beruflichen Bereich konnte ich aber schon sehr schnell eine positive Entwicklung erleben. Mein Chef setzte sich überraschenderweise plötzlich für mich ein und sorgte dafür, dass ich eine meinen Fähigkeiten entsprechende Führungsposition mit entsprechender Dotierung bekam. Das fühlte sich gut an! Ich wollte mehr davon und lernte CQM selbst. Ich machte natürlich erst das Basis-Seminar, meldete mich aber gleich kurz danach auch für das Seminar II an, in dem es um Geld, Finanzen und Projekte geht.

Eines meiner wichtigsten und effektivsten CQM-Projekte wurde damals das Ziel, eine behördliche Unterstützung zu bekommen, um mich selbständig zu machen. Es hatte sich für mich innerhalb kurzer Zeit immer mehr herauskristallisiert, dass ich mich als Selbständige bedeutend wohler fühlen würde. Allerdings waren diese Zuschüsse ein Ziel, dessen Erreichen nach meiner ersten Anfrage völlig undenkbar schien und für das ich von vielen Insidern nur Kopfschütteln und mitleidige Blicke erntete, denn der öffentliche Topf war leer und weitere Ausgaben langfristig auf Eis gelegt. Ich machte mir damals – wie im CQM II Seminar gelernt – ein Mindmap mit allen Einflussfaktoren und korrigierte daran über einige Wochen. Eines Tages fand ich in der Post die Mitteilung: „Wir freuen uns, Ihnen mitteilen zu können, dass Sie den gewünschten Existenzgründerzuschuss bekommen." Ich hatte mein gewünschtes Ziel erreicht!

Heute – vier Jahre nach dem ersten Coaching – kann ich sagen, dass sich bei mir tiefgreifende Veränderungen ergeben haben. Zu Beginn meiner Arbeit mit CQM hatte ich gesundheitliche Probleme, war in heftige Konflikte verstrickt und kämpfte an vielen privaten und beruflichen Fronten. Ich erlebte manchmal, dass diese Themen teilweise nach den Korrekturen sogar verstärkt auftraten und mich manchmal in tiefe Gefühlstäler schickten, aber sie machten mir auch deutlich, was alles dahintersteckte. Da tauchten Dinge in meinem Gedächtnis auf, die ich völlig vergessen hatte. Erlebnisse, die für mich erschreckend oder peinlich gewesen waren, und Situationen, in denen ich mich ausgeliefert, beschämt und bedroht gefühlt hatte, wurden mir wieder bewusst. Natürlich war das Erinnern manchmal unangenehm, aber so viele Programme und Muster hatten mich ja seit Jahrzehnten unbewusst gesteuert und zu diesen Zuständen geführt und sie konnten sicherlich nicht alle gleichzeitig von heute auf morgen verschwinden. Aber immer dann, wenn diese unerwünschten Dinge in meinem Leben auftauchten, setzte ich mich nun hin und korrigierte. Ich erkannte meinen eigenen Anteil an vielen Situationen und begann, mich ganz bewusst und konkret mit der Hilfe von CQM Schritt für Schritt zu verändern. Nach und nach habe ich alle Seminare besucht und besonders von CQM IV und den Academy-Seminaren sehr profitiert.

Besonders große Veränderungen hat es für mich durch die Korrekturen im Beruf gegeben – die Selbständigkeit als Unternehmensberaterin und Coach in Verbindung mit CQM gibt mir heute die Möglichkeit, all meine Fähigkeiten optimal zu nutzen. In meiner Beratung setze ich CQM zusammen mit einem von mir selbst entwickelten Gesamtkonzept ein. Ich mache meinen Kunden zu Beginn der Zusammenarbeit erst einmal deutlich, dass sie durch meine Arbeit eventuell Dinge loslassen müssen: überholte Konzepte, alte Strukturen oder auch fehlbesetzte Mitarbeiter. Aber erst dadurch wird es ihnen oft überhaupt möglich, Riesenschritte nach vorn zu gehen. Die Arbeit mit CQM erkläre ich häufig wie das Öffnen der „Büchse der Pandora", denn CQM bringt all die Dinge zutage, die zu dem heutigen Zustand geführt haben. Durch die Korrekturen passen dann viele dieser alten Dinge nicht mehr, Entscheidungen und Veränderungen werden notwendig – und durch die Arbeit mit CQM oft auch erst machbar.

Mir ist bewusst geworden, dass es neben CQM auch sehr viel ums Tun und um die Begeisterung geht. Ich selbst habe frü-

her ganz viel aus einem „Muss" heraus gemacht. Ich dachte, ich müsse funktionieren, müsse Geld verdienen, und habe viele Dinge wie aus einem inneren Zwang gemacht. Heute geh ich an alle Aufgaben so heran, dass ich sie lieben kann und ich bin überzeugt und begeistert von dem, was ich tue. Damit begeistere ich auch die Menschen um mich herum.
Ich erlebe immer wieder, dass durch hohe Anforderungen wie Schnelligkeit, ständige Erreichbarkeit und Erfolgsdruck viele Menschen vergessen haben, warum sie ihren Beruf einmal voller Freude gewählt haben. Irgendwann sind sie dann nicht mehr begeistert, sondern oft nur noch gestresst. Da geht so viel Potenzial verloren! Wenn man es wieder hervorholt, sind die Mitarbeiter motivierter und begeisterter. Jedes Unternehmen kann davon nur profitieren!

Von vielen Kunden werden mir bemerkenswerte Erfolge durch die Arbeit mit CQM zurückgemeldet. So sank beispielsweise der Krankenstand in einem Unternehmen signifikant von 23% auf 4%. Auch steigen Effizienz, Präzision und Leistung in den Unternehmen. Wenn ich mit der Führungsebene arbeite, gelingt es den Managern häufig besser, sich durchzusetzen, den eigenen Status zu verbessern und mit mehr Klarheit und Gelassenheit die eigenen Ziele zu verfolgen – bei gleichzeitigem Respekt für alle Mitarbeiter und deren Fähigkeiten. Innerhalb der Mitarbeiter-Teams wird durch CQM häufig ein vertrauensvolles und entspanntes Miteinander möglich, das die vorgegebenen Pläne erfolgreicher, kreativer und schneller umsetzt. Das ganz persönliche Korrigieren für jeden Einzelnen ist die Basis dafür. Denn das Bearbeiten persönlicher Konflikte, Erwartungen und Enttäuschungen macht große Verbesserungen möglich.

Neben den außergewöhnlichen Veränderungsmöglichkeiten durch CQM mache ich meinen Klienten im Coaching immer wieder klar, dass es vor allem auch um die eigene Aktion geht. Kein Sportler würde die Olympiade gewinnen, wenn man nur korrigieren würde. Er muss trainieren, sich gesund ernähren und sich täglich um das Erreichen seines Zieles kümmern. Und so muss auch jeder Einzelne meiner Klienten für sich erkennen und umsetzen, was für ihn und seine Ziele notwendig ist. Wer erfolgreich sein will, sollte sich erfolgreiche Vorbilder und Anregungen suchen und ins Handeln kommen. Da geht es auch um Disziplin, Fortbildung oder ums Erkennen der eigenen Schwächen. CQM unterstützt und beschleunigt dabei ungemein.

Für meine eigenen Ziele springe ich zum Beispiel regelmäßig über meinen eigenen Schatten. Ich tue heute Dinge, die ich früher nie für möglich gehalten hätte. Ich habe mich damals um viele Sachen herumgedrückt, sie vor mir hergeschoben oder gewartet, bis sie sich von selbst erledigten. Vieles habe ich mir schön geredet, um zu vermeiden, etwas ändern zu müssen. Das ist heute völlig anders. Ich stelle mich täglich meinen Herausforderungen und suche sie mir sogar ganz bewusst. Das, was mir unangenehm ist, sehe ich heute als Chance, dann korrigiere ich – und plötzlich fällt es mir leicht, unliebsame Aufgaben zu erledigen, die Steuererklärung zu machen oder mit Menschen, die neuen Mentaltechniken gegenüber kritisch sind, über CQM zu sprechen. Ich bin heute sehr viel disziplinierter und tue sehr viel für meinen eigenen Erfolg.

Im Gespräch ...

Gila Delbrück: Gibt es ein besonderes Erlebnis mit CQM, von dem du erzählen möchtest?

Neben der eigenen Entwicklung, die mich immer wieder selbst überrascht, hat mich ein Ereignis nachhaltig beeindruckt. CQM hat mir vermutlich das Leben gerettet! Mit einer Freundin war ich als Beifahrerin auf der A 3 im dichten Berufsverkehr unterwegs von Köln nach Frankfurt. Plötzlich sind bei einem LKW vor uns zwei Reifen geplatzt. Gummiteile flogen in die Luft, wir sahen nur noch rote Bremslichter und schlingernde Autos rund um uns herum. Wir waren mittendrin in diesem Chaos! Plötzlich sah ich den Anhänger des LKWs direkt auf uns zu schlittern. Die Situation verlief in diesem Moment wie in Zeitlupe und statt in Panik zu geraten, fing ich völlig sicher und gelassen an zu korrigieren. Einige Zeit später stand unser Wagen. Wir schauten uns zitternd um: alle Autos um uns herum waren schrottreif, es gab viele Verletzte. Unser Auto hatte nur einen kleinen Kratzer von einem herumfliegenden Gummistück, alles andere – und wir selbst – waren völlig unversehrt. Gabriele Eckert würde sagen „Das kann Zufall sein ... muss aber nicht." Ich denke auch, dass das etwas mit CQM zu tun hatte.

Könntest du einen Wendepunkt in deinem Leben benennen?

Ja, ich weiß das Datum sogar noch genau. Es war ungefähr zwei Jahre nach meiner ersten CQM Sitzung. Ich habe meine Stelle in einem bekannten großen Unternehmen aufgegeben und das Büro verlassen. Bis dahin hatte ich immer gedacht, ich sei ein Freidenker. Das stimmte auch – allerdings habe ich es wirklich auch nur gedacht, aber nicht in die Tat umgesetzt. An diesem Tag fing ich an, für mich selbst zu sorgen, egal, was die anderen dazu sagten. Das ist bis heute so geblieben. Wenn ich innerlich spüre, wo es lang geht, dann gehe ich diesen Weg. An diesem 19. Dezember damals fing es an ...

Du hast gesagt, dass du früher viel krank gewesen bist. Wie geht es dir heute?

Es geht mir super! Ich habe nämlich beschlossen, ein gesunder Mensch zu sein. Punkt! Manchmal ziept oder zwickt es irgendwo, ist aber schnell durch Korrekturen verschwunden. Und oft stelle ich fest, dass es kollektive Einflüsse von außen sind, die sich auf mich auswirken.

Und dein Verhältnis zum Geld?

Damit gehe ich sehr viel bewusster als früher um. Finanziell war es früher zeitweise ziemlich eng. Heute bin ich zielgerichtet mit meinem Geld – ich gebe nichts mehr aus wegen Langeweile oder zur Kompensation von irgendwelchen Befindlichkeiten und ich investiere mehr als ich ausgebe. Dem Geld laufe ich auch nicht mehr hinterher. Stattdessen kommt es von allein zu mir und ich begrüße es dankbar. Und Entscheidungen kann ich heute sehr viel besser treffen!

Du hast am Anfang von deinem Verhältnis zu Männern gesprochen. Wie ist das heute?

Ich bin viel klarer mit mir selbst und habe heute sehr erfüllende Beziehungen zu meiner Familie, meinen Freunden ... und natürlich auch zu Männern! Ich begegne ihnen heute mit sehr viel mehr Selbstbewusstsein und Gelassenheit und kann ihre Aufmerksamkeit genießen.

Was erzählst du Klienten über deine Arbeit mit CQM?

Oft kommen sie voller Druck und Erwartungshaltung. Alles soll möglichst schnell und umfassend verschwinden oder aus dem Nichts neu in ihrem Leben auftauchen. Viele von ihnen sind hundertmal in Richtung ihres Zieles losgelaufen, um immer wieder zu erleben, dass sie wie durch Gummibänder zurückgehalten werden. Mir ist es wichtig zu erklären, dass ein ganzes Leben, viele Erlebnisse und Entscheidungen zu dem derzeitigen Zustand geführt haben. Meine Klienten sollten erst einmal akzeptieren, dass ganz viele Einflussfaktoren dazu geführt haben, dass sie dort stehen, wo sie gerade sind. Wenn sie bei diesem Arbeitgeber, diesem Partner, diesem Nachbarn Probleme haben, haben sie sich irgendwann dazu entschieden, an diesen Punkt zu kommen! Deshalb geht es auch erst einmal um Akzeptanz des derzeitigen Zustandes und dann kann man bewusst schauen, was der eigene Anteil daran ist und was verändert werden soll. So kommt man mehr und mehr in den Fluss der Veränderung.

Was bedeutet CQM für dich ganz persönlich?

Es ist ein völlig integrierter Teil meines Alltags. Ich habe mir auch viele andere Methoden und Seminare angeschaut. Es gibt ja ständig neue Angebote und Anbieter, bei denen man sehr viel Geld lassen kann. Ich bin sehr froh, dass ich CQM gelernt habe. Es ist eine schöne Bündelung von allem und nicht so zerklüftet wie manch andere Techniken.

Ich bin vor allem sehr dankbar, dass durch CQM die Büchse der Pandora bei mir selbst aufgegangen ist, denn trotz der anfänglichen Verdeutlichung meiner Baustellen hat das Gefühl der anfänglichen „Talfahrt“ dazu geführt, dass ich alles aus dieser Büchse anschauen und korrigieren konnte. Wer weiß, wie lange ich sonst weiter auf Autopilot unterwegs gewesen wäre – gesteuert von so vielen unbewussten Dingen, Gedanken und Einflüssen, die mich gar nicht „ich selbst“ sein ließen.

CQM ist für mich die Basis für sehr viel Gelassenheit. Wenn heute Schwierigkeiten auftauchen, kann ich meistens drüber lachen. Das ist für mich das Spiel des Lebens, da kommt eine neue spannende Aufgabe. Diese Einstellung hab ich durch CQM gewonnen!

CQM kombiniert mit dem eigenen Fachwissen – so wie hier der Unternehmensberatung – ist ein großer Wettbewerbsvorteil für den Anwender und natürlich auch für den Kunden. CQM kann nämlich für alle Arten von Projekten eingesetzt werden - ob private Unternehmungen oder berufliche Herausforderungen, auf Vereins- oder auf Unternehmensebene. Durch das Testen mit CQM werden die Schwachstellen deutlich und können korrigiert oder praktisch verändert werden. Das können auch ganz minimale Einflüsse sein, die aber große Auswirkung haben, wie beispielsweise das fehlende Interesse eines Mitarbeiters am Gelingen des Projekts, ein Loyalitätskonflikt innerhalb des Teams oder fehlende Weitergabe von Informationen. Auch hier ist es wichtig, die weiteren Lebensbereiche der „Mitspieler“ zu berücksichtigen. So wird also eine umfassende Klärung möglich und bringt schnelleren und leichteren Erfolg.

Das Tüpfelchen auf dem i

Seit der Trennung vom Vater meiner inzwischen fast erwachsenen Tochter war ich für vieles allein verantwortlich. Es war eine schwierige Beziehung zu meinem Mann gewesen. Die Trennung hatte sich über Jahre hingezogen und mich damals ziemlich mitgenommen. Ich hatte deshalb inzwischen schon mit vielen Ansätzen daran gearbeitet, viele Methoden selbst erlernt und große Fortschritte gemacht. Inzwischen ermöglichte mir meine Praxis für Shiatsu in Lüneburg ein regelmäßiges Einkommen, ich hatte viele Freunde und es ging mir richtig gut.

Allerdings hatte ich schon seit längerer Zeit angefangen, mich nach einem neuen Partner umzusehen. Ich war 52 Jahre alt und nun schon seit so vielen Jahren allein. Ich wünschte mir endlich jemanden, bei dem ich mich einmal anlehnen, mit dem ich meine Glücksmomente teilen und Zukunftspläne schmieden konnte. Ich hatte mich über ein Internet-Portal in der Vergangenheit schon mit einigen Männern getroffen, aber der Richtige war nie dabei gewesen. Viele hoffnungsvolle Versuche ergaben immer wieder das gleiche Ergebnis: „Wieder nichts!"
Eigentlich hatte ich deshalb auch überhaupt keine Lust mehr, jemanden auf diesem Wege kennenzulernen. Es war mir viel zu unpersönlich. Ich schaute aus diesem Grund irgendwann gar nicht mehr in dieses Forum, arbeitete stattdessen mit verschiedenen spirituellen Methoden an dem Thema Partnerschaft, aber leider ohne dass sich etwas an der Situation verändert hätte. Ich zweifelte inzwischen schon fast daran, noch einmal jemanden zu finden, der zu mir passen würde, und ich lebte ja auch ganz gut mit mir allein. Nachdem ich von CQM gehört hatte, wollte ich es doch noch einmal versuchen und

machte es zum Thema der ersten Coaching-Sitzung. „Ich finde Mr. Right“ – das war mein Ziel.

In dieser Sitzung wurde alles korrigiert, was ich mit dem Internet-Portal verband, außerdem die Angst vor Nähe, Angst vor erneuter Trennung und das Nicht-Gesehen-Werden von Männern. Die ganze Trennungsgeschichte von meinem Exmann wurde bearbeitet, und ich erinnere mich noch, dass das Wort „heiraten“ schwach testete.

Inzwischen weiß ich: wenn man mit CQM arbeitet, passieren manchmal ganz erstaunliche Dinge! Denn nicht nur die Einnahmen in meiner Praxis wurden nach dieser Sitzung sprunghaft höher, sondern „zufällig“ vertippte ich mich auch in der Eingabe im Internet-Browser, der mir automatisch eine früher einmal eingegebene Adresse vorschlug … und ich landete unbeabsichtigt in dem Partnerschafts-Portal, in das ich ewige Zeit nicht mehr hineingeschaut hatte!

Eine Nachricht wartete dort auf mich … schon seit Wochen. Und ich fühlte mich merkwürdig magisch davon angezogen. Ich wusste sofort: „Den will ich sehen!“ Dieser Mann hatte nach der langen Zeit natürlich schon gar nicht mehr mit meiner Antwort gerechnet und wollte sich eigentlich nur unverbindlich mit mir unterhalten. Aber schon vor dem Telefonat - und auch währenddessen - spürte ich, dass sich in mir irgendetwas verändert hatte. Es war so „besonders“! Ich war so gespannt, so neugierig, so voller Vorfreude! Es fühlte sich tatsächlich so an, als sei eine Tür aufgegangen durch die Arbeit mit CQM und es lief komplett anders als früher bei den Gesprächen und Dates mit den anderen Männern! Ich konnte es deshalb kaum abwarten, einen Termin für das erste Treffen mit Sven zu vereinbaren, die 100 km zu ihm zu fahren, um ihn kennenzulernen … und es prickelte, fühlte sich so gut an … fast zu schön, um wirklich wahr zu sein. Wir verstanden uns sofort und haben uns danach immer wieder getroffen.

Kurze Zeit nach diesem ersten Treffen mit ihm lernte ich selbst CQM – nach dieser ersten Erfahrung mit den Korrekturen wollte ich mehr! Ich hatte das Gefühl: „Diese Methode ist das i-Tüpfelchen für mein Leben!“

Von Gila holte ich mir weitere Unterstützung, wenn ich selbst fest steckte und mit CQM einmal nicht weiterwusste. So hatte ich beispielsweise körperliche Beschwerden in Form von Hautreaktionen, wenn ich von Sven getrennt war. Auf diese Zusammenhänge kam ich zu Beginn meiner Arbeit mit CQM gar nicht selbst. Auch die Beziehung zu meiner Tochter schaute ich mir an und klärte alles, was einer neuen Partnerschaft im Wege stehen könnte. Ich machte mir damals Gedanken über die Sorgen, die sie vielleicht haben könnte und was sie sagen oder denken könnte, wenn ich einen neuen Partner an meiner Seite hätte. Ich korrigierte das Gefühl, ihr und der alten Familienstruktur untreu zu werden.

Und je entspannter und selbstsicherer ich mit mir selbst durch die Korrekturen wurde, desto schöner wurde es mit Sven und mir. Lange Zeit führten wir noch eine Fernbeziehung, fanden aber dann eine wunderschöne gemeinsame Wohnung und etwa zwei Jahre später läuteten an einem sonnigen Tag im Sommer unsere Hochzeitsglocken.

Im Gespräch ...

Gila Delbrück: Was hat sich für dich verändert mit CQM?

Ich habe viel mehr Zuversicht. Ich liebe das Gefühl, dass es ganz leicht ist, etwas zu verändern oder aufzulösen. CQM ist für mich das i-Tüpfelchen auf allem, was ich früher genutzt habe und ich weiß heute: Es geht auch leicht!

Wo nutzt du CQM?

Bei Wespenstichen oder kleinen Unfällen im Haushalt ist CQM für mich die Erste Hilfe in allen Situationen. Das geht schnell und hilft sofort. Ich arbeite mit CQM viel im Vorwege für wichtige Termine, sorge für entspannte Beziehungen zu anderen Menschen und ganz zielgerichtet für mehr Leichtigkeit und Freude in meinem Leben. Außerdem habe ich für unsere Hochzeit natürlich ein eigenes Flowchart gemacht und alles aufgeschrieben von den Einladungskarten bis zur Torte, von der Gästeliste bis zur Musikauswahl, vom Wetter bis zum Taxi, das die Gäste nach Hause bringen sollte. Die Zielsetzung war natürlich: „Ich heirate Mr. Right – der schönste Tag in meinem Leben" – und genau so habe ich es erlebt.

gut zu wissen

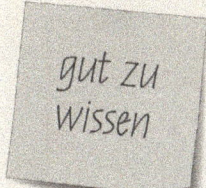

„Ich hab schon so viel gemacht, aber wirklich geändert hat sich nichts" – das höre ich oft in meiner Praxis. Viele Klienten haben schon auf unterschiedlichsten Ebenen über ihre Themen gesprochen und viel über sich selbst gelernt. Sie haben oft selbst neue Methoden angewendet, Ausbildungen gemacht und viele Selbsterfahrungsbücher gelesen. Durch das Aufdecken und Korrigieren der ganz unbewussten Muster wird der Stein dann manchmal ins Rollen gebracht und die gewünschte Veränderung endlich fühlbar.

Das Ding mit dem Vater ...

Meine beste Freundin schleppte mich zum CQM Erlebnisabend. Ich war nach dem Abend nicht wirklich überzeugt und die Verlosung von Gutscheinen erweckte in mir den Eindruck einer Verkaufsveranstaltung, aber irgendwie ließ mich das Thema trotzdem nicht los. Und ich bin heute so froh, dass ich mich davon nicht habe abhalten lassen! Irgendwie spukte CQM nämlich auch Wochen später noch ständig in meinem Hinterkopf herum und so machte ich schließlich versuchsweise dann doch einen solchen Coachingtermin, um einmal selbst zu spüren, was es damit auf sich hatte und um das leidige Ding mit meinem Vater endlich zu bearbeiten.

Mein Vater war zu der Zeit nämlich auch mein Chef – ich arbeitete schon seit fünf Jahren neben meiner eigenen Selbständigkeit auch freiberuflich für ihn. Aber seine Herrschsucht machte mich fertig. Er riss alles an sich, bestimmte autoritär über mich und seine Mitarbeiter wie über Sklaven und schrieb genau vor, wie alles zu sein hatte. Auch ich als seine Tochter hatte keinen anderen Stand in der Firma als die Kollegen. Er bügelte alles gnadenlos ab, was er nicht wollte. Veränderungen waren völlig unmöglich. Für mich war aber nicht auszuhalten, dass ich so sehr im eigenen Tun eingeschränkt war, meine Fähigkeiten und mein Wissen keinen Platz fanden und ich trotz Studium und beruflichem Erfolg in meiner eigenen Firma bei ihm in seiner Firma keinen Fuß auf den Boden bekam. Er dachte „hü“ und ich dachte „hott“. Aber ich schluckte alles, was ich am liebsten gesagt hätte, herunter. Wie früher als kleines Kind hatte ich noch immer Angst vor ihm – vor seinen Wutausbrüchen, vor seiner Lautstärke und seinem Machtgehabe. Das alles verschlug mir noch immer die Sprache und ich fühlte mich völlig hilflos.

Die Sitzung war spannend. Eigentlich war es ein ganz normales Gespräch, aber gleichzeitig wurden Korrekturen gemacht. Meine anfängliche Skepsis veränderte sich zusehends, denn ich spürte, wie sich mein Thema veränderte und sich alles anders anfühlte – mein Körper und auch meine Emotionen. Ich hatte das Gefühl, zu wachsen und innerhalb kurzer Zeit ganz viel Stärke zu gewinnen. Optimistisch, klar und zielgerichtet ging ich am nächsten Tag zu meinem Vater und hatte endlich den Mut, mit ihm zu sprechen. Wie erwartet, ging er hoch wie das berühmte „HB-Männchen". Aber ich war verblüfft: es machte mir überhaupt nichts aus! Ich blieb völlig ruhig und freundlich, aber auch bestimmt und ich sagte zu ihm: „Entweder es verändert sich etwas oder ich bin weg. Sag mir morgen Bescheid."

Ich war wie befreit und fühlte mich federleicht. Endlich hatte ich es geschafft! Ich hätte es früher nie für möglich gehalten, dass ich so etwas einmal tun würde! Mir ging es einfach großartig. Und tatsächlich lenkte mein Vater am nächsten Tag ein, kam zu mir in mein Büro und zeigte Verständnis für meine Sicht der Dinge. Er räumte mir mehr Entscheidungsfreiheit ein und übergab mir einen Arbeitsbereich mit Eigenverantwortung. Das war der Moment, wo ich gesehen hab: ich kann etwas verändern und für mich bewegen. Das fand ich toll! Von dem Zeitpunkt an ließ mich mein Vater in Frieden arbeiten, eigene Entscheidungen treffen und ist bis heute insgesamt viel freundlicher zu mir. Er hört mir aufmerksam zu, wenn ich meine Meinung sage und unsere Zusammenarbeit ist viel besser geworden.

Diese Entwicklung fand ich damals so erstaunlich und verblüffend, dass ich mich fürs CQM Seminar anmeldete. Ich malte mir aus, wie harmonisch und schön sich mein Familienleben mit Ehemann und Töchtern entwickeln könnte, wenn ich daran arbeiten würde. Unsere beiden Kleinen waren und sind bis heute so agile Kinder, ständig fordernd und so anstrengend durch ihre Lebendigkeit! Und für meinen Mann konnte ich mir CQM auch sehr nutzbringend für seinen Beruf vorstellen.

Meine Hauptthemen hatten aber anfangs nur mit mir zu tun. Von meiner Mutter hatte ich gelernt, mich zurückzunehmen. Sie hatte das Lebensmotto „Wenn meine Familie glücklich ist, bin ich es auch." und hat sich selbst völlig hintenan gestellt. Sie ist ihrem erfolgreichen Ehemann eigentlich immer hinterhergetrottet und hat sich nur um uns Kinder gekümmert. Durch die Arbeit mit CQM wurde mir klar, dass sie uns viele belastende Dinge mitgegeben hatte, die mich immer wieder an meine Grenzen stoßen ließen. Erfolg oder Wohlstand waren ihr peinlich, meine Selbständigkeit war ihr ein Dorn im Auge. In ihren Augen sollte man nicht auffallen. Was würden die Leute dazu sagen?! Sie sah vieles sehr negativ und fand immer das Haar in der Suppe. Und ich glaube, gelobt hat sie mich nie. Ich fühlte mich - obwohl ich inzwischen Ehefrau und Mutter war und eine eigene Firma hatte – noch immer unsicher und gehemmt. Dies zeigte sich auch dadurch, dass ich oft anfing zu stottern. Das machte meine Schüchternheit vor anderen Leuten ganz deutlich und verstärkte sie noch zusätzlich. Heute bin ich tatsächlich weitgehend „stotterfrei". Ich glaube, davon träumt jeder Stotterer! Von klein auf hatte ich Logopädie-Therapien und hab sogar ein zweijähriges „Stotter-Heil-Seminar" über mich ergehen lassen. Dort sollte ich mit verschiedenen Sprech-Techniken lernen, das Stottern zu unterbinden. Aber all das hat nichts gebracht, weil nicht nach der Ursache gesucht wurde. Mit CQM hab ich ganz häufig daran gearbeitet – in vielen Praxisgruppen, ganz für mich selbst und auch in verschiedenen Coaching-Sitzungen. Heute bin ich so glücklich, dass ich mich so intensiv damit beschäftigt habe und den Mut hatte, mich den Themen zu stellen. Es geht mir inzwischen super mit dem Sprechen – besser als ich es zu Beginn meiner Arbeit mit CQM vor vier Jahren für möglich gehalten hätte. Das ist mein absolut größter CQM Erfolg!

Ein anderes schwieriges Thema belastete meine junge Ehe und forderte mich immer wieder heraus, daran zu arbeiten. Meine Schwiegermutter war sehr krank und mein Mann litt mit ihr. Jedes Mal, wenn er von einem Besuch zurückkam, war er so wütend, weil sie sich nicht helfen ließ und er brachte eine Mischung aus Hilflosigkeit und Trauer mit nach Hause. Das Problem konnten wir nicht lösen oder abschütteln, und es hörte einfach über viele Monate nicht auf. Immer wieder gab es neue Hiobsbotschaften und es fiel uns allen schwer, sie leiden zu sehen. CQM half mir in dieser Zeit sehr, mit allen Begleitumständen besser umgehen zu können. Ich war der Situation nicht so ausgeliefert, sondern konnte der Fels in der Brandung sein, Halt geben und tatsächlich auch meine Schwiegermutter bis zum Tod begleiten. Manches Mal hab ich mich über meine eigene Stärke gewundert. Die hätte ich ohne CQM sicherlich nicht aufgebracht.

Im Gespräch ...

Gila Delbrück: Was ist Dein schönstes CQM-Erlebnis?

Eine Freundin von mir war hochschwanger und bekam die Mitteilung, dass die Ärzte einen Kaiserschnitt empfahlen, weil das Baby in Steißlage lag. Sie fragte, ob ich daran arbeiten könnte. Ich hab mich hingesetzt und mit den CQM Unterlagen korrigiert. Ungefähr eine Stunde war ich damit beschäftigt. Nach zwei Stunden rief sie mich an und berichtete, das Baby habe sich gerade gedreht! Das war der Hammer! Das sprach sich herum und einige Zeit später bat mich eine andere Frau um Unterstützung, die mit Zwillingen schwanger war und der man auch wegen Steißlage zum Kaiserschnitt riet. Tatsächlich haben sich nach den Korrekturen beide Babys gedreht und sind normal auf die Welt gekommen. Ein unglaubliches Gefühl ist das, wenn man solche Nachrichten bekommt!

Wie hat sich das Verhältnis zu deinen Eltern entwickelt?

Ich kann meinen Vater heute sein lassen, wie er ist. Er ist noch immer sehr bewertend, hat viele Probleme mit Verwandten und Freunden, wenn die nicht so ticken wie er. Darüber kann ich heute schmunzeln. Und das Verhältnis zu meiner Mutter ist wirklich super und völlig entspannt. Wir gehen ganz offen miteinander um.

Wie würdest du dich heute – 4 Jahre nach dem ersten CQM Seminar - beschreiben?

Ich bin wesentlich ruhiger geworden, fühle mich sicher, gelassen, klar und stark. Mich haut so schnell nichts mehr aus der Bahn. Ich lasse heute auch andere Menschen so, wie sie sind, schaue zweimal, bevor ich mir eine Meinung bilde, kann heute viel besser mit anderen Ansichten oder Lebensstilen umgehen und halte mich von Dingen oder Menschen fern, die mir nicht guttun. Meinem Mann und mir ist das Streben nach Glück sehr bewusst geworden. Es ist unser Ziel, ganz bewusst daran weiterzuarbeiten. Unser höchstes Gut ist es heute, miteinander glücklich zu sein, in uns zu ruhen und uns das Leben zu schaffen, in dem jeder von uns so sein kann, wie er ist und das bekommt, was er braucht. Das zu erkennen und auch umzusetzen, ist Folge vieler CQM Korrekturen.

Und was rätst du CQM Anwendern?

Täglich wachsam sein und die Themen immer wieder aufgreifen, wenn die Veränderungen nicht sofort sichtbar werden. Dranbleiben lohnt sich!

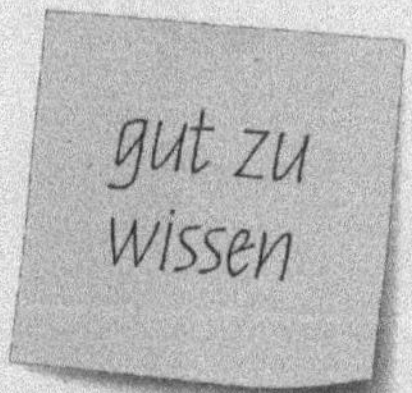

Manchmal reicht ein winziges, unbewusstes Signal – man fühlt sich plötzlich hilflos, wütend, es verschlägt einem die Sprache oder man stottert sogar ... und man versteht gar nicht, warum man gerade so reagiert. Ein so genannter Trigger, wie zum Beispiel ein Duft, eine Melodie im Radio oder sogar nur ein einziges Wort hat dann die Emotionen von nicht verarbeiteten Erinnerungen wieder aktiviert. Mit CQM können wir der Ursache für diesen Zustand auf die Spur kommen. Und so ist alles, was uns in nicht steuerbare, ungewollte Emotionen oder Handlungen zwingt, ein Spiegel dessen, was in uns selbst noch auf Korrekturen wartet.

„So viel Geld
hatte ich noch nie!“

Als ich CQM kennenlernte, drohte mir gerade die Privat-Insolvenz. Es war ein einziges Durcheinander und ich wusste nicht, wo mir der Kopf stand. Mir flog meine gesamte Existenz um die Ohren und ich hatte keine Ahnung, wie ich da wieder herauskommen sollte.

Mit meiner Kollegin Bianca hatte ich 2009 eine GbR gegründet (eine Gesellschaft mit unbeschränkter Haftung) und für unsere kleine Wellness-Oase in guter Lage von Hannover einen Mietvertrag über 5 Jahre abgeschlossen. Das Geschäft lief gut an, wir stellten sogar eine Mitarbeiterin ein, damit wir beide ungestört in unseren Kabinen arbeiten konnten, während jemand am Empfang die Kunden begrüßte und sich um die Terminvereinbarung kümmerte. Nach einiger Zeit wurde ich von der Mitarbeiterin darauf angesprochen, dass Bianca sich so merkwürdig benehme. Auch einigen Kunden sei das aufgefallen. Ob es sein könne, dass sie ein Alkoholproblem habe? Ich sprach Bianca darauf an. Sie stritt es vehement ab. „Wer behauptet das? So eine Frechheit! Nichts davon ist wahr. Wie kannst du nur fragen? Du kennst mich doch und müsstest es besser wissen!“ Ich ließ mich beruhigen, beobachtete sie aber dann in der nächsten Zeit aufmerksam und fand ihr Verhalten – und den speziellen Duft, der sie manchmal umgab – nun doch ausgesprochen verdächtig. Ich hatte natürlich Sorge, dass sich das auf unser Geschäft und unsere Umsätze auswirken könnte. Nachdem die Zeichen für ihren vermutlich erheblichen Alkoholkonsum aber immer deutlicher wurden, hab ich es ihr einige Zeit später nochmals auf den Kopf zugesagt. Sie gab es diesmal tatsächlich zu und versprach, einen Entzug zu machen. Ich schöpfte Hoffnung. Immerhin waren wir im Gespräch miteinander. Aber es änderte sich nichts. Die Lage wurde immer schwieriger, ihr Zustand ließ sich nicht mehr vertuschen und die Situation wurde zu einer großen Belastung für mich, für unsere Mitarbeiterin und für die Kunden. Eines Tages blieb mir nur noch der Ausweg, die GbR mit ihr fristgerecht zu kündigen und ich teilte ihr diesen Entschluss mit.

Sie reagierte wütend und meinte, sie fühle sich betrogen und ausgebootet. Von dem Tag an veränderte sich ihr Verhalten schlagartig. Sie hielt sich an keinerlei Absprachen mehr, behandelte Kunden mit heftiger Alkoholfahne in der kleinen Kabine. Ich hatte Angst um unser Geschäft und natürlich auch um meine gesamte Existenz. Die Mitarbeiterin drohte außerdem mit Kündigung, wenn sich dieser Zustand nicht ändern würde. Als Bianca sich an einem Tag in ganz schlechter Verfassung und völlig betrunken im Laden zeigte und ans klingelnde Telefon gehen wollte, nahm ich ihr das aus der Hand. Sie wehrte sich, wurde handgreiflich und griff mich an. Die Mitarbeiterin rief die Polizei.

Als die Beamten eintrafen, behauptete Bianca, ich sei diejenige gewesen, die sie geschlagen hätte. Sie zeigte mich sogar an. Und die Polizisten glaubten ihr! Ich war fassungslos, dass Bianca in der Lage war, so etwas zu tun, obwohl sie die Urheberin des Dilemmas war. Es war die Hölle für mich. Bianca kam danach nicht mehr ins Geschäft, aber ich hatte lange Zeit mit dieser Verleumdung und dem Gericht zu tun und musste mich für etwas rechtfertigen, das überhaupt nicht stimmte. Gottseidank hatte ich die Mitarbeiterin als Zeugin, die allerdings nach dieser Eskalation kündigte. Das Arbeiten in unserem schönen Geschäft hatte sich für sie so sehr verän-

dert, dass es wirklich keine Freude mehr machte.
Alleine konnte ich den Betrieb so nicht weiterführen und ich beschloss, das Geschäft lieber zu schließen und den Mietvertrag zu kündigen. Aber der Vermieter stellte sich quer. Er sagte mir, ohne die Unterschrift von Bianca – als Teil der GbR – sei das gar nicht möglich. Also nahm ich zähneknirschend den Kontakt zu Bianca noch einmal auf. Mir wurde heiß und kalt zugleich, als ich feststellte, dass sie abgetaucht und nicht mehr auffindbar war.

Allein konnte ich die Miete unmöglich aufbringen und machte dem Vermieter deshalb den Vorschlag, einen Nachmieter zu stellen. Ich hatte sogar jemanden gefunden, der das Geschäft samt Einrichtung übernommen hätte! Der Vermieter hatte aber kein Interesse daran, wollte lieber den Laden leer stehen lassen und die Miete weiterhin von mir kassieren. Er zeigte sich stur und schickte mir stattdessen den Gerichtsvollzieher. Ich fand nirgendwo Unterstützung, bin von Pontius zu Pilatus gelaufen, war zur Bittstellerin und Bettlerin geworden und musste mir helfen lassen, damit ich meine private Wohnung nicht auch noch verlor. Ich war ständig auf der Suche nach einem Ausweg, war beschämt, hilflos, wütend. Meine private Insolvenz drohte! Es ging um eine Gesamtsumme von rund zwanzigtausend Euro.

Das war der Zeitpunkt, zu dem ich auf CQM aufmerksam wurde und ich buchte im Januar 2010 eine Sitzung bei Gila Delbrück mit der Zielsetzung: „Ich lebe frei und selbstbestimmt“. Das Thema wurde mit einer Systemischen Aufstellung bearbeitet. Ich fand es beeindruckend, wie diese Playmobilfiguren den Nagel auf den Kopf trafen! Es gab viele

Korrekturen zwischen allen Beteiligten wie z.B. karmische Einflüsse zwischen Bianca und mir, aber auch zwischen dem Vermieter, der Hausverwaltung und der dortigen Empfangsdame, wo offenbar die Kommunikation überhaupt nicht funktionierte. Auch Einflüsse meiner Eltern und meiner beruflichen Vergangenheit tauchten in dieser Sitzung auf und natürlich wurde meine gesamte emotionale Verfassung korrigiert. Danach fühlte ich mich gestärkt und wesentlich optimistischer als vorher.

Kurze Zeit danach bekam ich von einem Bekannten den Hinweis, ich solle mich doch einmal an die Schuldnerberatungsstelle wenden. Dort gäbe es allerdings lange Wartezeiten von mindestens drei bis sechs Monaten. So viel Zeit hatte ich nicht! Aber wie durch ein Wunder – oder durch CQM? - bekam ich einen Termin schon drei Tage später! Die zuständige Dame war meine Rettung. Auf ihre Art und Weise hat sie es so hinbekommen, dass alle Beteiligten ihren Vorschlägen zustimmten, und zwar nicht nur der Vermieter, sondern auch die Strom- und Wasserlieferanten. Mein Konto wurde zwar gepfändet und ich durfte nur wenig Geld pro Monat für mich behalten, aber schon nach 5 Monaten war alles erledigt, denn statt der zwanzigtausend Euro habe ich schlussendlich nur 3.500 Euro zahlen müssen. Die private Insolvenz war abgewendet worden! Ich war erleichtert, konnte endlich wieder nach vorn schauen und fing an, neue Pläne zu schmieden.

Ich hab dann zuerst einmal selbst CQM gelernt und habe viel bei mir selbst korrigiert, auch gemeinsam mit Kollegen aus der Praxisgruppe. Immer wieder stellte ich fest, dass durch die Korrekturen plötzlich neue Ideen oder Informationen auftauchten. Wie kleine Engel, die einem von der Seite einflüstern „Mach mal das …!“ CQM war mein wichtigster Baustein, um aus dieser Situation herauszukommen und neu durchzustarten.

Im Gespräch …

Gila Delbrück: Was machst du denn heute?

Ich bin jetzt im vierten Jahr in meiner neuen Tätigkeit selbständig. Mir ging es noch nie so gut wie heute! Ich bin entspannt und kann mein Glück noch nicht so ganz fassen. Und ich bin selig, dass mir mein Neustart so gut gelungen ist. Ich habe mir nämlich einen neuen Beruf gesucht, in dem ich mobil und freiberuflich arbeiten kann. Ich bin heute völlig selbstbestimmt und habe nur geringe monatliche Festkosten. Es hat noch zwei Sitzungen gegeben zum Thema „Ich genieße meine finanzielle Freiheit“ und für mein sicheres, öffentliches Auftreten in diesem neuen Bereich. Das hatte mein Selbstwertgefühl dringend nötig. Aber alles das hat sich so sehr gelohnt: Heute verdiene ich mehr denn je!

Was hast du praktisch dafür getan?

Ich habe mir Bildungsgutscheine geben lassen, eine weitere Ausbildung gemacht, habe nicht nach links oder rechts geschaut, sondern mich ganz und gar auf mein Ziel konzentriert und korrigiert, was immer notwendig war. Ich habe gespart, keinen Urlaub gemacht und auf Anschaffungen verzichtet. Mit meinem Zertifikat bin ich dann losgegangen und habe mich vorgestellt. Zuerst konnte ich dann in einer anderen Stadt mit einem kleinen 400-Euro-Job als Angestellte anfangen. Ich war dafür bereit, große Entfernungen auf mich zu nehmen und auch zu ungünstigen Tageszeiten zu arbeiten – so bin ich jeden Tag lange mit der Bahn gefahren und habe sehr viel Zeit investiert. Als ich anfing, lag mein Stundenlohn bei € 9,50.

Ich machte mir einen Namen und bekam gute Referenzen. Man lobte die Qualität meiner Arbeit, meinen hohen Einsatz und meine Zuverlässigkeit – und von ganz allein kamen dann Klienten zu mir, die mich privat buchen wollten. Meine Selbständigkeit ist auf diese Weise immer mehr entstanden, denn ich hatte immer das Ziel vor Augen, unbedingt auf eigenen Füßen stehen zu wollen – ohne Hilfe von Vater Staat. Es ist mir gelungen! Inzwischen hat sich mein Stundenlohn übrigens verdreifacht und ich weiß, da geht noch mehr ...!

Ich habe vor allem auch festgestellt, dass Netzwerken wichtig ist. Man muss sich zeigen, Kontakte knüpfen, zur richtigen Zeit am richtigen Ort sein und etwas für seine Ziele tun. Besonders deutlich ist mir das geworden in den CQM Tagesworkshops mit Thomas Stocker „Raus aus der Komfortzone“ und Karin Hafen „Warum ich mich noch nicht optimal verkaufe“. Das Geld regnet nicht von oben herunter, man muss auch Einsatz bringen!

Gibt es einen roten Faden in deinem Leben?

Der Umgang mit Autoritäten hat mir immer schon sehr zu schaffen gemacht. All diese Kontakte zu Rechtsanwälten, Finanzämtern oder Menschen in Uniform ließen mich erzittern. Ich hatte immer das Gefühl, man richtet über mich. Mein Vater ist so eine Autorität. Durch die Korrekturen hat sich der Umgang mit ihm und solchen Institutionen wie Polizei und Ämtern sehr positiv verändert und ich begegne ihnen auf Augenhöhe.

Was rätst du CQM Anwendern?

Setze dir realistische Ziele. Formuliere sie so genau wie möglich. Setze sie Schritt für Schritt auch ganz praktisch um. Alles, was auf dem Weg als Hindernis auftaucht, korrigiere mit CQM.

Was bedeutet CQM heute für dich?

CQM hat meine Intuition erheblich gestärkt. Ich weiß heute, dass meine Eingebungen sehr zuverlässig sind und deshalb korrigiere ich wesentlich leichter als am Anfang. Ich nutze es für körperliche Befindlichkeiten, wenn‘s grad irgendwo zwickt. Ich korrigiere mein Geschäft für mehr Kunden und überprüfe damit auch meine Honorarsätze. Und manchmal ist es mir fast unheimlich, wie das alles funktioniert. Was ich wohl noch alles damit erreichen werde?!

„CQM ersetzt nicht den gesunden Menschenverstand und nicht das eigene Tun“, sagt Gabriele Eckert immer im Seminar. Korrigieren allein bringt nicht zwangsläufig Erfolg, aber es unterstützt enorm in Krisensituationen wie dieser und verhilft zu einem Neustart, wenn man selbst bereit ist, etwas dafür zu tun. Korrigiert wurden in diesem Fall vor allem die Hilflosigkeit, das Sich-Ausgeliefert-Fühlen, das Gefühl, Opfer zu sein und die Angst vor Autoritäten, mit denen die Erzählerin es in den Behörden und Ämtern zu tun hatte.

Diese CQM Kollegin hat aber eben nicht nur korrigiert, sondern auch ganz praktisch viel dafür getan, den Knoten all der Verstrickungen und Einflüsse zu lösen, in dem sie sich befand. Sie hat nicht aufgegeben, sondern immer wieder nach Lösungen und dem nächstem Schritt gesucht und war bereit, viel Zeit und Aufwand in ihr neues Leben zu investieren. Heute arbeitet sie in einem Beruf, der all ihre Talente und Fähigkeiten zum Blühen gebracht hat. Sie ist erfüllt von dem, was sie tut und ist finanziell völlig unabhängig ... wie sie damals in ihrem Ziel formuliert hat „ich genieße meine finanzielle Freiheit“.

Zu sensibel – in diesem Job bin ich falsch!

Als junges Mädchen wünschte ich mir schon, später mit Kindern zu arbeiten. Kinderpsychologie interessierte mich deshalb sehr. Der Berufsberater und auch meine Eltern rieten mir aber aufgrund meiner großen Sensibilität davon ab. Meine Mutter befand, dass mich die Schicksale, mit denen ich zu tun haben würde, sicherlich zu sehr belasten würden. Möglicherweise hatte sie Recht damit. Ich bekam allerdings keine Gelegenheit, es auszuprobieren, denn meine Eltern rieten mir aufgrund dieser Aussage zu einem anderen Studienfach. Etwas Ordentliches sollte es sein. So studierte ich Wirtschaftsrecht mit dem Schwerpunkt Personalmanagement und landete nach dem Abschluss im Personalbereich eines Hamburger Unternehmens.

Die ersten Arbeitsjahre verliefen gut. Ich kann mich aber noch sehr gut daran erinnern, wie mir eine Führungskraft damals sagte: „Um weiter zu kommen, müssen Sie viel härter werden, auch mal fordern und aggressiver sein." Aber das war ich nicht. Ich fühlte mich deshalb immer unwohler mit meinem Aufgabenfeld. Immer wieder ertappte ich mich dabei, wie ich bewundernd und auch etwas neidisch auf neue Kolleginnen in meinem Alter guckte, die wesentlich attraktivere Positionen im Unternehmen hatten. Ich aber hatte immer noch viel mit Personalsachbearbeitung und allgemeinen Assistenztätigkeiten zu tun. Meine Arbeit machte ich wirklich sehr gut. Aber hatte ich dafür studiert? Mir wurde deutlich, welche persönlichen Fähigkeiten die anderen Kolleginnen hatten, die bei mir nicht ausgeprägt waren.. Schließlich suchte ich mir ein NLP Seminar, um in der Kommunikation sicherer zu werden und vor allem auch, um schlagfertiger reagieren zu können. Ich ahnte nicht, dass während dieser Fortbildung etwas ganz Wichtiges für mich geschehen sollte.

Bereits 2002 hatte ich im Rahmen eines Persönlichkeitsentwicklung-Seminars meines damaligen Arbeitgebers an einer Traumreise teilgenommen. Ich folgte damals der Anleitung des Seminarleiters und machte mich vor meinem inneren Auge zum Hause eines weisen Mannes inmitten eines wunderschönen Waldes auf. Dort angekommen, durfte ich viele Fragen stellen, die mich zu dem Zeitpunkt bewegten. Zum Abschied meines Besuches überreichte mir der weise Mann eine kleine weiße Feder. Lange Zeit wusste ich nicht, was mir diese Feder sagen sollte und ich vergaß mein Geschenk irgendwann.

Doch dann traf ich während meiner NLP-Ausbildung eine sehr nette Teilnehmerin, die mir ganz offen von ihrem Umgang mit Engeln erzählte. Etwas skurril erschienen mir ihre Geschichten schon, aber irgendetwas stieß dabei in mir auf große Resonanz. So fiel mir einige Tage später in einer Buchhandlung ein „Engelbuch" in die Hände. Mit dem mulmigen Gefühl, mich endlich etwas zu trauen, was ich mir lange verwehrt hatte, schlug ich eine Seite des Buches auf und fand endlich die Antwort zur Bedeutung meines schon vergessenen Geschenkes: „Engel machen dich oft durch kleine weiße Federn auf sich aufmerksam. Dein Engel wünscht sich so sehr, dass du mit ihm sprichst und seine Gegenwart spürst und er würde dich so gerne berühren." In diesem Moment war ich so gerührt und voller Freude. Es schien mir, dass ich einen verlorenen Teil von mir endlich wieder gefunden hatte.

Nach diesem Erlebnis bekam ich auf besondere Art und

Weise immer mehr Hinweise. Immer wieder lagen Federn auf meinem Weg - hatte ich sie früher eigentlich immer übersehen? - und viele Informationen, die ich nun überdeutlich wahrnahm und die von vielen verschiedenen Seiten auf mich zukamen, hatten etwas mit Kindern zu tun! Nach einiger Zeit fühlte ich mich auf einmal wieder erinnert und bestärkt in meinem ursprünglichen Plan, Kindern zu helfen. Eine innere Freude erfüllte mich, wenn ich daran dachte, dieser Intention zu folgen. Verschiedene Heilerausbildungen konnten meinen großen Wissendurst und meinen inneren Wunsch, anderen zu helfen, erst einmal ein wenig stillen und ich freute mich darauf, diese Erfahrungen erst einmal bei meinem ersten eigenen Kind umzusetzen.

Während der Schwangerschaft war ich voller Vorfreude und purem Mutterglück. Alles fühlte sich so gut an und niemals hätte ich mit Situationen gerechnet, mit denen ich nicht fertig werden würde. Aber die Geburt verlief traumatisch und meine neue Mutterrolle machte mir in den ersten Wochen unerwartet große Angst. War ich als Mutter wirklich gut genug? Ich war auch ziemlich sauer auf meinen Mann, denn er ging ja weiterhin zur Arbeit und für ihn ging das Leben fast unverändert weiter. Für mich aber hatte sich einfach alles geändert! Der Tagesablauf und die Nächte waren völlig durcheinander, meine Aufgaben und die Verantwortung waren mir neu und alles war so ungewohnt. Besonders aber belastete mich das Gefühl, die Geburt nicht ohne Eingreifen der Ärzte geschafft zu haben und meinem Sohn eine schöne Geburtserfahrung verwehrt zu haben. Außerdem fehlte mir im Alltag die Anerkennung, die ich vorher im Beruf fast täglich bekommen hatte. Da war uns unser größter Wunsch nach einem Kind erfüllt worden, ich aber fühlte mich in meiner Ehe traurig, alleingelassen und unverstanden.

Zu diesem Zeitpunkt lud mich Gila Delbrück über Xing zu einem Erlebnisabend ein. Ich schaute mir ihr Profil an und las „Gila Delbrück … macht Menschen glücklicher". Genau das brauchte ich jetzt! Niedergeschlagen fuhr ich zu dem abgesprochenen Coaching-Termin und vergoss viele Tränen während der Sitzung. Und noch heute erinnere ich mich an das Gefühl, das ich hatte, als ich wieder nach Hause fuhr: Es war so enorm leicht und ich strahlte förmlich von innen heraus! Diese eine Stunde hat so viel für mich verändert, dass ich vier Wochen später zum CQM Seminar nach Berlin fuhr. Das wollte ich auch für mich und meine Familie lernen und anwenden!

Die vielen Informationen und Listen verwirrten mich allerdings zuerst völlig, aber ich war begeistert, wie schnell das Testen ohne Tensor ging, mit dem ich früher gearbeitet hatte! Und als ich die Testperson für Gabriele Eckert in der „Steh"- und „Danke"-Übung war und in die verblüfften Gesichter der anderen Seminarteilnehmer sah, war ich fast erschrocken, welch machtvolles Instrument die Gedanken sind.

Von diesem Moment an hab ich CQM in alles einfließen lassen, was mich beschäftigte. Es gab und gibt bis heute tatsächlich keinen Tag, an dem ich keine Korrekturen gemacht hätte: für meine privaten Belange und vor allem auch für meine berufliche Situation. Durch den Bau unseres Hauses war es noch einige Zeit finanziell notwendig, dass ich in der ungeliebten Personalabteilung weiter arbeitete, aber von Tag zu Tag wurde mir immer klarer, dass sich auf meiner beruflichen Ebene wirklich etwas ändern musste. CQM hat mir sehr dabei geholfen, dass ich diese Zeit, in der ich noch dort arbeiten musste, weitestgehend entspannt verbringen konnte. Nach einer CQM Sitzung konnte ich zum Beispiel wieder mit Elan meine Aufgaben erledigen und mich danach täglich mit einem Blick aus dem Bürofenster freuen – dort war nämlich ein Kindergarten und ich wusste plötzlich: „Da ist die Zukunft“! Von dem Zeitpunkt habe ich mein Ziel – die Arbeit mit Babys – nicht mehr aus den Augen gelassen und konkret weiter verfolgt.

Heute – drei Jahre nach dem ersten Seminar – habe ich in unserem neuen Haus einen separaten Anbau für meine Praxis gestalten können und biete dort Mutter-Kind-Kurse, Baby- und Kindermassagen und auch Schwangerenmassagen an, ich mache CQM-Coachings und Energiebehandlungen für werdende Eltern und junge Familien. Meine Kurse sind dank CQM immer ausgebucht und meine Umsätze steigen stetig. Kürzlich bekam ich ein schriftliches Feedback einer Mama, welches mich sehr berührte: „Du bist eine tolle Kursleiterin, nicht nur für die Babys, sondern auch eine tolle Ansprechpartnerin für uns Mütter. Du bist immer sehr einfühlsam und für uns da. Du machst das, weil es Dir Spaß macht und das spürt man sehr. Vielen Dank dafür.“
Das, was mich in den anderen Berufen ausgebremst hat, kommt hier jetzt perfekt zum Einsatz. Hier kann ich so sein, wie ich bin: herzlich, gefühlvoll, fantasievoll und offen. Und wenn mich diese Babys in den Kursen heute fröhlich anlachen, weiß ich genau: Es ist soo richtig, was ich hier mache! Hier ist der richtige Platz für mich!

Im Gespräch ...

Gila Delbrück: Wie nutzt du denn CQM für die Babys und die Eltern?

Wenn ich beispielsweise von den Eltern höre „Mein Baby badet nicht gern", mache ich nach Rücksprache ein paar Korrekturen und höre in der Woche danach die Rückmeldung, dass es nun viel einfacher geht. Und manchmal gibt es Babys, die ihre Beine nicht entdecken. Wenn ich dann die Verbindung vom Oberkörper zum Unterkörper korrigiere, kann es passieren, dass – zack! – das Baby sich plötzlich drehen kann! Und natürlich bearbeite ich mit CQM alle anderen Themen, die zum Eltern-Werden dazu gehören. So kann ich viel Gelassenheit in die Familien bringen und sie in dieser Zeit der Veränderung begleiten – ich erinnere mich ja noch gut, wie es mir selbst damals ging und was CQM für mich verändert hat. Diese eigenen Erfahrungen kann ich heute für all die anderen Familien nutzen und zu ihrem Wohl und Familienglück beitragen.

Und wie gestaltest du deine unternehmerische Seite mit CQM?

Sehr viel gelernt habe ich im CQM Tagesworkshop „Warum ich mich noch nicht optimal verkaufe" mit Karin Hafen. Sie hat uns viel über Zielgruppen beigebracht und uns richtiges Handwerkszeug mitgegeben. Daraus habe ich viel mitgenommen und umgesetzt. Im Geschäftsleben reicht eben nicht nur das Korrigieren, sondern man muss auch seine Hausaufgaben machen. Einige Leute fühlten sich beispielsweise anfangs abgeschreckt von meiner Begeisterung über die Begleitung der Engel. Sie hatten damals offenbar eine zu große Präsenz auf meiner Homepage und ich bekam Feedbacks wie „zu Ihnen würde ich deshalb nicht kommen!". Ich habe deshalb die Formulierungen überarbeitet und neutraler auf die Menschen ausgerichtet, denen ich mit meinem Angebot helfen möchte. Wer mit mir über Engel sprechen möchte, ist herzlich willkommen. Für wen das nichts ist, der findet bei mir genauso fachkundige Beratung und effektives Coaching mit CQM. Für meine Kurse korrigiere ich vorab immer die Teilnehmerlisten und die optimalen Bedingungen für die Gruppe. In meinem Kursraum zu Hause habe ich zudem verschiedene „CQM-Depotkugeln" mit den für die Mütter und Babys notwendigen Energien aktiviert. Das wirkt sich super aus – die Kurse sind immer ausgebucht und die Leute empfehlen mich begeistert weiter.

Wo nutzt du CQM denn im Privatleben?

Ganz viel kommt es zum Einsatz bei meinen beiden Kindern, z.B. wenn sie erkältet sind oder irgendwie schwächeln. Zum Beispiel hab ich kürzlich nach unserem Urlaub daran gearbeitet, dass sie schnell wieder den Einstieg im Kindergarten finden. Wenn sie Stress haben mit ihren Freunden, ist mit CQM schnell eine Verbesserung in Sicht. Für mich selbst bin ich ständig am Thema „eine gute Mutter sein" und korrigiere mit CQM, geduldig zu sein. Meine Kinder sind mein Spiegel und sprechen die Gedanken aus, die ich habe. Sie knallen mir förmlich vor den Kopf, was ich denke! Daran lerne ich und korrigiere ...

Natürlich profitiert auch mein Mann von meiner CQM-Ausbildung. Begeistert erzähle ich ihm von den Tagesworkshops und oft habe ich auch schon für ihn Korrekturen vorgenommen, um eine Verbesserung verschiedener beruflicher Situationen zu erreichen.

Aber auch für mich beginnt der Tag schon mit den ersten Korrekturen, manchmal ist es meine Wirbelsäule, die ich noch im Bett liegend korrigiere, manchmal sind es Gefühle, die plötzlich hochkommen. Ich arbeite noch immer gern mit Affirmationen, aber heute anders als früher, denn lieber teste ich erst einmal, ob sie nicht vielleicht einen schwächenden Einfluss haben! Und ich bin heute sehr wach für meine eigenen Themen und schaue immer wieder, was das, was ich erlebe, mit mir zu tun hat.

Wie würdest du dich beschreiben – wie warst du vor CQM und wie bist du heute?

Ich war immer schon ein fröhlicher und offener Mensch, früher aber sehr unsicher und mit wenig Selbstbewusstsein. Ich war vor allem immer bestrebt, es anderen recht zu machen. Und niemals hätte ich mir vorstellen können, dass ich vor Menschen stehen und sie beraten würde! Ich habe oft Probleme mit Menschen gehabt, die Autorität ausstrahlten und mich dabei klein gemacht und nicht gesehen gefühlt. Das ist heute dank meiner verschiedenen Fortbildungen und CQM anders. Ich bin selbstbewusst und fühle mich auch anderen Menschen gegenüber auf Augenhöhe. Vor allem aber spüre ich mehr, was ich eigentlich will und achte jetzt besser auf mich. Das fühlt sich richtig gut an! Auch das Verhältnis zu meinen Eltern hat sich enorm verbessert. Früher haben mich ihre Themen richtig wütend gemacht. Heute verstehe ich, wie bedürftig sie eigentlich selbst waren und vielleicht noch sind. Sie haben ja ihr Bestes gegeben mit dem Wissen und den Gefühlen, die sie damals hatten. Das Korrigieren meiner eigenen Emotionen hat dazu geführt, dass ich ihnen verzeihen konnte und heute viel liebevoller mit ihnen umgehe. Meine Empathie für andere Menschen kann ich heute zielgerichtet einsetzen und reagiere nicht mehr „überemotional". Aus Mitleid ist Mitgefühl geworden und ich bin dadurch nicht mehr so belastet.

Was bedeutet CQM für dich heute?

Es macht so vieles einfacher! Das ist so gut zu wissen: Ich hab ein Werkzeug, ich kann was machen. Und ich bin nicht mehr ohnmächtig unangenehmen Situationen ausgeliefert! Vielleicht ist es vermessen zu sagen „Ich habe Macht!", aber so fühlt es sich für mich an. CQM hat für mich so viel mit Leichtigkeit zu tun und so viel Positives in mein Leben gebracht. Toll finde ich auch, dass ich es mit allen anderen Coaching- und Heiltechniken kombinieren kann und immer etwas über die Ursachen und Hintergründe von energetischen Blockaden erfahre. Es sollte wirklich in jeder Familie jemand sein, der das kann!

Und ich fühle eine so große Freude darüber, dass ich all mein Wissen und dies Lebenswerkzeug nun auch an meine Kinder weitergeben kann. Zu wissen, dass sie dadurch ganz anders aufwachsen und leben können, das ist für mich als Mutter ein großartiges Gefühl.

gut zu wissen

Viele meiner Klienten würden gern etwas anderes tun als das, womit sie ihr Geld verdienen. Aber die Angst vor Veränderung oder der Glaube, vielleicht zu alt oder zu wenig flexibel zu sein, um daran etwas zu ändern, lässt sie lieber in dieser Situation verharren. Oft ist auch keine andere Idee vorhanden darüber, was die Alternative sein könnte. Und dennoch kommen immer wieder Klienten zu mir mit so einem diffusen Gefühl, einem immer wieder nagenden Gedanken und der Frage „Irgendetwas fehlt mir. Wofür bin ich eigentlich hier? Gibt es so etwas wie Berufung? Und was wäre denn dann meine?“

Durch CQM kann durch die Korrekturen der Glaubenssätze, Konflikte und des Selbstwerts ein neues Licht geworfen werden auf Talente und Fähigkeiten, die diese Menschen nicht oder nicht mehr wahrgenommen haben. Und plötzlich entsteht ein Funke des Wissens darüber, wofür man am liebsten morgens aufstehen würde, in welchen Situationen man am authentischsten wäre und was man dafür tun müsste, um dorthin zu gelangen. Die Schritte auf dem Weg dorthin sind dann oft ganz praktischer Natur, können aber mit CQM sehr effektiv begleitet werden.

Und natürlich ist nicht zwangsläufig der Wechsel des Arbeitsplatzes notwendig. CQM führt ja sehr effektiv dazu, beispielsweise die Beziehung zu den Kollegen zu verbessern, ungeliebte Aufgaben mit mehr Leichtigkeit zu bewältigen oder für sich einzustehen. So kann der sichere Arbeitsplatz beibehalten und mit mehr Freude bewältigt werden und das, was das Herz zum Schwingen bringt und die Berufung zu sein scheint, nebenberuflich umgesetzt werden.

Urvertrauen!

„Ganz plötzlich. Aus dem Nichts. Ohne Vorwarnung. Mein Herz rast! Mein Körper fängt an zu beben. Ich fühle meinen Herzschlag bis zum Hals. Alles wird eng, ich bekomme keine Luft mehr und fange an zu schwitzen. Es wird immer schlimmer. Ich gerate in Panik, habe Angst zu sterben, fange an, im Zimmer herumzulaufen, hole einen kühlenden Lappen und lege ihn auf meine Brust, schüttele mich und mache Kniebeugen, um irgendetwas im Körper zu verändern und dem Körper eine Reaktion zu entlocken – aber der Zustand hält an. Bis zu einer Stunde muss ich das manchmal aushalten, bevor es weniger wird und dann langsam nachlässt.

Es fing an, als ich gerade mit meinem ersten Kind schwanger war. Ich hatte damals Todesangst für uns zwei und wusste nicht, was mit mir los war. Blieb im Bett aus lauter Vorsicht. Hatte Angst vor der Angst.“

Szenenwechsel

„Es ist eine Steißgeburt“, sagt die Hebamme. „Wir schaffen das schon.“ Ein Arzt ist nicht erreichbar. Die werdende Mutter hat unglaubliche Schmerzen. Die Hebamme tut ihr Bestes, um das Kind lebend auf die Welt zu holen. Es scheint nicht heraus zu wollen, aber es gelingt dann mit viel Kraft und Anstrengung – das kleine Mädchen ist kräftig, es hat die Geburt allerdings nicht unverletzt überstanden. Das rechte Schlüsselbein ist gebrochen, die Nerven sind beschädigt und der rechte Arm hat Schaden genommen. So schnell wie möglich wird das Baby in die Klinik gebracht, ist lange Zeit von der Mutter getrennt. Die Ärzte wollen den Arm amputieren. Er sei funktionsunfähig und nicht zu gebrauchen, sagen sie. Die Eltern stimmen der Amputation

nicht zu und nehmen ihre Tochter mit, begleitet von Ermahnungen der Ärzte, dass dieser Arm immer geschont werden müsse.

Damit fing alles an. Das Kind mit dem Arm bin ich. Ich hatte kein Bewusstsein für ihn und wäre nie auf die Idee gekommen, ihn für irgendetwas zu benutzen. Ich wuchs auf mit einem Manko und einer Behinderung, die mich zur Außenseiterin machte. Noch dazu war ich Nachzüglerin nach meinen großen Geschwistern und meine Eltern waren deshalb auch viel älter als die der Klassenkameraden. Ich schämte mich für meine Herkunft, fühlte mich wie eine Versagerin. Oft wurde ich ausgelacht und bloßgestellt. Ich war wehrlos und traute mir nichts zu.

Das erste, woran ich mich in meinem Leben erinnern kann, ist Angst. Meine Eltern stritten sich oft sehr lautstark. Ich sehe mich noch heute unter einem Stuhl kauern, furchterstarrt. Ich heiratete deshalb früh und war froh, so aus dem Elternhaus herausgekommen zu sein. Doch als ich mit dem ersten Kind schwanger war, begann dieses Herzrasen, das mir solche Angst machte. Lange Zeit wusste ich überhaupt nicht, was mit mir los war. Mehrmals kam ich als Notfall in eine Klinik, hatte langwierige und intensive Therapien. Die gestellte Diagnose half mir ein wenig, denn endlich wusste ich, was dies Herzrasen bedeutete: Ich hatte Panikattacken. In der Therapie wurde mir der Zusammenhang klar und ich verstand mehr und mehr, warum es geschah, denn das erste, an was ich mich in diesem Leben erinnern konnte – meine erste Referenz – war ja die Angst gewesen! Ich lernte in den Behandlungen, mit diesen fast unerträglichen Zuständen besser umzugehen, aber sie wurden trotz aller Medikamente und Therapie-Ansätze überhaupt nicht weniger schlimm oder auch nur seltener.

Bei meinem Mann fand ich dafür allerdings wenig Verständnis. Er konnte mit meinem Anderssein nicht umgehen. Die Krankheit veränderte mich natürlich und ich hatte Schuldgefühle, dass ich nicht so eine gute Ehefrau war, wie ich hätte sein wollen. Durch sein Verhalten fühlte ich mich von ihm noch dazu ungeliebt, nicht beachtet und emotional völlig im Stich gelassen. Unsere Ehe litt sehr darunter und schließlich trennte ich mich von ihm. Ich war nun allein erziehende Mutter von zwei Söhnen, mit dem Selbstbewusstsein völlig im Keller, mit wenig Geld und keinerlei Zukunftsplänen. Trotz vieler Medikamente blieben die Panikattacken und ich hatte kaum noch Vertrauen ins Leben und Sorge, dass mein Körper das alles nicht durchstehen würde. Ich lebte deshalb völlig zurückgezogen und verließ mein Haus kaum noch. Da war ständig diese Angst vor der Angst. Sobald das Herz schneller schlug, überwältigte sie mich.

Irgendwann hörte ich von einem CQM Erlebnisabend und ging dorthin. „Ihr habt sie doch nicht alle", hab ich zuerst gedacht. Ich hielt es nicht für möglich, dass das funktioniert, was Gabriele Eckert erzählte und vor allen Gästen des Abends demonstrierte. Ich hab mir dann aber doch ihr Buch gekauft. Es war für mich wie ein Strohhalm zum Festhalten. Ich wollte es ausprobieren und fand eine CQM Anwenderin in meiner Nähe. In die erste Sitzung ging ich ganz ohne Erwartung, aber es hat mich völlig überwältigt und so viel mit mir gemacht - das war der Hammer. Ich hab nach der Sitzung auf der Couch gesessen und vor Wut Handtücher zerrissen. So viel ist hochgekommen und ich war froh darüber. Passivität schlug um in Aktivität. Ich verließ die Opferrolle und sah wieder Licht am Ende des Tunnels.

Und ich wollte mehr davon! Ich ging ins CQM Seminar und war gleich am ersten Tag vorn bei Gabriele, die die ersten Korrekturen an mir zeigte. Und ich kann es kaum in Worte fassen – in diesem Moment ist tatsächlich mein Weltbild zusammengebrochen. Ich war total geschockt! All das, was vorher meine Wahrheit war, geriet ins Schwanken, denn es war kaum zu glauben: mein Arm bewegte sich plötzlich auf eine Weise, mit der es vorher nie gegangen war! Das hatte ich in meinem ganzen Leben noch nicht erlebt! Ich war so durcheinander, denn all das, was man mir gesagt hatte und wonach ich gelebt hatte, stimmte ja plötzlich gar nicht mehr! Das musste ich erst einmal verkraften.

Nach dem Seminar hab ich für mich selbst ganz verbissen weiter an meinem Arm gearbeitet. Ich wollte unbedingt, dass er zu 100% funktioniert wie bei anderen Menschen. Ich war bis zum Rand der Erschöpfung völlig fixiert darauf und dadurch natürlich überhaupt nicht neutral – was man ja für die Korrekturen an sich selbst sein muss, damit es funktioniert. Aber als ich das erkannte, hab ich dann erst einmal entspannter an anderen Themen für mich selbst gearbeitet und durch diese Korrekturen zu mehr Ruhe und zu mir selbst gefunden.

Und es war wirklich erstaunlich: plötzlich merkte ich, dass ich mit Menschen anders kommunizieren konnte. Ich traute mich, in größeren Gruppen mitzusprechen, hatte auf einmal das Gefühl, nicht länger Außenseiterin zu sein, sondern auch etwas zu sagen zu haben. Es entstand nach und nach eine innere Ruhe und Gelassenheit, die ich mir nie hätte vorstellen können. Ich spürte plötzlich Mut, Dinge in meinem Leben aktiv zu verändern!

Früher ließ ich zum Beispiel alles mit mir machen und habe aus Angst lieber nichts gesagt, wenn mir etwas nicht gefiel. So musste ich an meiner Arbeitsstelle oft monatelang auf mein Geld warten und ärgerte mich ständig über diese Situation. Ich lernte durch CQM, auf meine eigenen Bedürfnisse zu hören und meine Wünsche und Ansprüche klar durchzusetzen. Und mir wurde klar: so geht man mit mir nicht mehr um! Das werde ich ändern! Inzwischen – zwei Jahre nach dem ersten Seminar - habe ich meine Arbeit auf ein Minimum reduziert. Ich habe zwar jetzt weniger Geld, aber ich genieße meine Zeit und mir geht es so gut wie noch nie in meinem Leben. Ich lasse mich darauf ein und lehne mich zurück. Ich hetze mich nicht mehr ab. Ich fühle mich sicher und beschützt. Alles ist gut. Mein Urvertrauen ist zurückgekehrt. Wenn heute irgendwelche „Baustellen" in meinem Leben auftauchen, kann ich sie leicht bewältigen. Das ging früher nicht.

Anfang 2014 schrieb ich einen Eintrag bei Facebook:
„Wie ist das eigentlich mit der Liebe? Was soll dieser Quatsch denn überhaupt, zwischen Mann und Frau, Frau und Frau oder Mann und Mann? Das hab ich mich auch mal gefragt. Ich denke dann zurück an jene Zeit, in der ich arbeitete und ums Überleben kämpfen musste (so meinte ich), in der ich mein Spiegelbild hasste, von Panikattacke zu Panikattacke hastete und mich direkt in die Depression und ins Burn Out

katapultierte. Ich habe irgendwann beschlossen, ein anderes Leben zu führen. Meine Ehe konnte ich mit meinem Exmann in Liebe loslassen, nachdem wir einander viel Schmerz zugefügt hatten. Sich in Dankbarkeit nach 22 Jahren von einander zu verabschieden, um heute gute Freunde zu sein, war eine der schönsten Erfahrungen, die ich in meinem Leben machen durfte. Und da stand ich nun … allein, nach der Trennung von meinem Ehemann. Ich habe sehr viel Zeit mit mir verbracht, in mich geschaut und mich gefragt, wer ich bin und was ich will. Und ich habe Gefühle wie Trauer, Wut und Hass … auf all die Menschen, die mir vermeintlich etwas antaten, endgültig verabschiedet! Ich habe mich mehr auf die Dinge in meinem Leben konzentriert, die ich wollte und nicht mehr auf all die Dinge, die ich nicht wollte."

Mein neuer Partner kam unmittelbar nach dem CQM Spezial-Seminar für Beziehungen in mein Leben. An einem regnerischen Sonntagnachmittag folgte ich der Empfehlung von Freunden, mich in einem Internetportal anzumelden. Gleich am Montag bekam ich eine Nachricht von ihm. Es klingt verrückt, aber schon nach ein paar Sätzen wusste ich: „Das ist er!" Anfangs konnte ich es gar nicht annehmen, dass mich jemand liebte. Und ich brauchte einige Coaching-Sitzungen, um mein altes Familienbild und die Bindung zu meinem Exmann zu korrigieren. Da waren noch so viele Schuldgefühle und Selbstzweifel. Außerdem hatte ich Mühe, meinen Kindern einen neuen Partner zu präsentieren. Diese Sitzungen haben den Weg frei gemacht und ich fühlte mich danach unbelastet wie ein Teenager, der zum ersten Mal die Liebe erlebt.
Inzwischen weiß ich dass das Leben nicht schwer sein muss.

Ich darf in Ruhe frühstücken, darf dabei sogar sitzen, ich darf mir Zeit für mich nehmen, muss nicht von einem Job zum anderen hetzen, ich darf einfach SEIN und habe den Himmel auf Erden! Es fühlt sich so an, als hätt ich mich um die Stelle des glücklichsten Seinszustandes im Universum beworben … der Liebe! Und ich habe sie auch bekommen!

Ich weiß inzwischen, dass ALLES möglich ist, wenn wir nur wissen was wir wollen! Meine erste große Liebe war mein Exmann, und ich dachte damals, das gibt es nur einmal. Mein neuer Partner hat mir gezeigt, dass es noch viel mehr gibt. Seit meiner Reise ins Land der Liebe könnt ich mehrmals täglich weinen vor Glück und Demut vor dem Leben!
Das alles habe ich nicht ohne Unterstützung geschafft - viele tolle Menschen, begleitende Coaches, inspirierende Bücher und viel Zeit mit mir haben dazu beigetragen. Ich weiß heute: Meine Gedanken formen täglich mein Leben und meine Wirklichkeit.

Ich bin inzwischen viel offener und lebendiger geworden und unser Familienleben ist heute völlig entspannt. Mein Exmann und die Kinder feiern Geburtstage und Weihnachten zusammen mit meinem neuen Partner und mir. Das ist wirklich toll, und daran habe ich viel gearbeitet. Ich lebe inzwischen viel bewusster, liebevoller und achtsamer. Ich gehe dankbar durch jeden Tag. Und ich bin inzwischen frisch verheiratet! Ich erlebte dank CQM eine Traumhochzeit und Flitterwochen, wie ich sie mir immer gewünscht hatte!

Im Gespräch ...

Gila Delbrück: Wobei hat CQM dir am meisten geholfen?

Beim Urvertrauen. Endlich angstfrei zu leben und mir selbst vertrauen zu können – das ist für mich ein unbezahlbarer Gewinn. Sehr selten taucht heute noch manchmal eine der Panikattacken auf, und dabei kann ich durch CQM tatsächlich entspannen und sie vorüberziehen lassen. Ich fühle mich heute jederzeit sicher.

Wie fühlt sich dein Arm inzwischen an?

Er macht Fortschritte. Durch die Korrekturen spüre ich ihn endlich. Ich habe den Gedanken losgelassen, dass er unbedingt so sein muss wie mein gesunder linker Arm. Ich sehe es nicht mehr als Behinderung, sondern höchstens noch als Handicap. Und ich werde eine Situation nie vergessen: mein jetziger Ehemann hatte mich zum Essen eingeladen. Während wir uns unterhielten, füllte ich mir völlig unbewusst mit der rechten Hand Sauce auf meinen Teller. Ich stutzte. Was hatte ich gerade gemacht?! Das war ein Riesenereignis! Ich hab vor lauter Freude geweint. Und im letzten Jahr war eine Freundin hier, die ich einige Jahre nicht gesehen hatte. Sie sagte: „Mensch, das gibt's doch gar nicht! Das konntest Du früher alles gar nicht!" Und sie hat Recht – früher wäre mir nie eingefallen, mit dem rechten Arm meine Haare zu kämmen, eine Schranktür zu öffnen oder mit der rechten Hand Besteck zu halten. Das mache ich heute alles völlig unbewusst und selbstverständlich.

Lassen sich deine Kinder von dir mit CQM korrigieren?

Ja, natürlich. Das darf ich immer. Die Familiensituation hat ja auch für sie viel Veränderung und Stress gebracht. Und ich bin ihnen gegenüber heute viel gelassener als früher. Da hab ich manchmal schreiend vor Wut oder Überlastung in der Küche gestanden. Das würde mir heute nicht mehr passieren. Und natürlich sind unsere Besuche bei Ärzten viel weniger geworden.

Gibt es etwas, das du Menschen empfehlen möchtest, die zu einem CQM Coach gehen?

Sie sollten so wenig Erwartungen haben wie möglich. Und sollte durch die Arbeit etwas hochkommen, was sich erst einmal schlecht anfühlt: dranbleiben! CQM ist kein Wischiwaschi, da kommt wirklich etwas in Bewegung! Das waren bei mir teilweise auch körperliche Erscheinungen, die sich aber schnell auflösten und sich zu 100% gelohnt haben. Hinterher war ich sowas von frei! Es ist einfach genial.

Und was gibst du neuen CQM-Anwendern mit auf den Weg?

Ich hab in den Seminaren viele erlebt, die ein bisschen „größenwahnsinnig" wurden. Ich empfehle heute aus eigener Erfahrung, es langsam angehen zu lassen und nicht gleich die Welt retten zu wollen. Macht langsam und schaut vor allem bei euch selbst.

Was bedeutet CQM für dich heute?

Ich liebe endlich das Leben und mich selbst. Diese Möglichkeit, sich mit Korrekturen aus allem herauszuholen, was sich nicht gut anfühlt, ist einfach nur genial!

gut zu wissen

„Und plötzlich habe ich mich dabei beobachtet, etwas zu tun, was ich früher nie getan hätte!“ So wie diese Interviewpartnerin zum Beispiel von ihrem Arm berichtet, geht es vielen Anwendern.

Durch die Arbeit an konkreten Zielen verschwinden im Coaching behindernde Glaubenssätze oder Begrenzungen, die sich auch auf andere Ebenen oder Lebensbereiche ausgewirkt haben. Und das spürt man oft erst sehr viel später und wundert sich dann.

So kann es geschehen, dass man in manchen Situationen plötzlich viel freier und gelassener reagiert, als man es früher getan hätte. Ich selbst habe erlebt, dass meine Höhenangst plötzlich völlig verschwunden war, obwohl ich nie konkret an ihr gearbeitet hatte. Völlig angstfrei und ohne überhaupt darüber nachzudenken, hatte ich die höchste, längste und wirklich sehr schwankende Hängebrücke Neuseelands überquert, die über einen atemberaubenden Canyon führte. Früher hatte ich schon auf der zweiten Leiterstufe ein sehr unangenehmes Gefühl und musste mich immer festhalten.

Friede, Freude, Eierkuchen

„Eine Familie unterm Apfelbaum: Alle haben sich darauf gefreut, bei einem guten Gespräch zusammen zu sein. Es ist Sommer, die Vögel zwitschern, es wird viel geredet und gelacht. Man hört und sieht, dass sich alle wohlfühlen miteinander. Auf dem Tisch steht leckeres Essen mit Zutaten aus dem eigenen Garten, es duftet nach frischen Kräutern und dazu gibt es selbst gebackenes Brot. Nach der Mahlzeit stehen alle gestärkt vom Tisch auf – aufgetankt von der Gemeinschaft und durch die leichte, gesunde Mahlzeit mit viel frischer Energie versorgt."

Das ist mein Idealbild eines gemeinsamen Familien-Essens! Aber erlebt habe ich das ganz anders. Meine Mutter stand immer stundenlang in der Küche und hat uns dann „hohe Küche", aber schwere Kost vorgesetzt. Essen war immer ein großes, gewichtiges Thema in unserer Familie. Aber wir fühlten uns danach nicht besser, sondern beschwert und mussten uns nach dem Essen häufig hinlegen. Die Mahlzeiten im großen Familienkreis schwächten mich eher, als dass sie mich mit Kraft versorgten. Ich hab mir oft den Magen verdorben, vermutlich auch wegen der unterschwelligen und unverdaulichen Botschaften der Beteiligten, die bei den Mahlzeiten immer dabei waren. Feiertage wie Weihnachten habe ich deshalb auch als Erwachsene später oft nur mit ausreichend Portwein „verdauen" können.

Vermutlich hat mich diese Erfahrung auch zu meinem Beruf als Ernährungsberaterin gebracht. Als ich vor 3 Jahren dafür meine Homepage erstellte, hab ich mal im Internet geschaut, wie andere das machen. Beim Rumklicken stieß ich auf eine Kollegin, die unter anderem dort auch „CQM" stehen hatte. Das leuchtete mich an wie der berühmte Wink mit dem

Zaunpfahl. Ich hab sie gleich angeschrieben und gefragt, was das ist. Sie machte mich neugierig: „Das ist eine tolle Sache, damit kannst du alles Mögliche machen!“ Als ich weiter recherchierte, fand ich überraschende Erfahrungsberichte von Menschen, die damit gearbeitet hatten. Auch bei uns lief vieles nicht so richtig rund in unserer Familie und das Gefühl von „Glücklich-Sein“ war mir selbst ziemlich fremd. Da war immer der Gedanke „irgendwas haben die mit mir nicht richtig gemacht“. Ob mir CQM helfen könnte, das zu ändern? Beim nächsten Erlebnisabend in meiner Nähe war ich dabei und schickte vorher eine Bestellung ans Universum: „Ich komm heute Abend dran als Versuchsperson!“ Grund genug hatte ich: Ein paar Wochen vorher war ich nämlich im Schnee über einen Schlitten gefallen, die Rückenschmerzen im Lendenbereich wollten nicht weniger werden und ich konnte kaum die Knie beugen. Und tatsächlich: Gabriele Eckert bat mich nach vorn! Nach nur wenigen Korrekturen bemerkten auch die anderen Gäste schon eine Veränderung in meiner Bewegung. Der Osteopath, der mich vorher schon längere Zeit behandelt hatte, bestätigte mir am nächsten Tag, dass die Energie sich verändert habe und alles wieder besser fließe. Das war für mich eine professionelle Bestätigung für die Wirkung von CQM und ich meldete mich zum Seminar an, um es selbst zu lernen.

Danach tauchte bei fast jeder Sitzung – egal zu welcher Zielsetzung - das Thema „Mutter“ auf. Sie war zwar schon vor Jahren verstorben, aber ich war noch immer so wütend auf sie, dass ich kein Bild von ihr in meinem Haus ertragen konnte. Die Erfahrungen mit ihr bremsten mich anscheinend in allem aus, was ich erreichen wollte. Sie war sehr dominant gewesen, hatte sich in alles eingemischt und meinen Bruder immer als wichtigen Entscheidungsträger mit einbezogen. Sie versuchte, immer das Beste für mich zu erreichen, aber das musste auch immer nach ihren Vorstellungen geschehen. Ich musste funktionieren und stark sein, ihr helfen und gehorchen. Ich tat alles für sie und bemühte mich nach Kräften, um auch ein wenig Anerkennung zu bekommen, aber Lob hörte ich nie und kleine Sticheleien waren an der Tagesordnung. Sie traute mir selten etwas zu, versuchte, mir alles aus der Hand zu nehmen, und so war ich in vielen Dingen sehr unselbständig. Und sie deckte alles zu mit dem Mantel von „Ich opfere mich doch für dich auf und an mich denke ich zuletzt. Also sei dankbar!"

Sie versuchte sogar, meine Hochzeit so zu gestalten, wie sie sie haben wollte. Euphorisch machte sie sich an die Planung und lebte all ihre Wünsche und Vorstellungen aus. Für mich war es immer normal gewesen, alles mit ihr zu besprechen und ihre Meinung einzuholen. So hatte ich es als Kind gelernt und hatte das auch als Erwachsene noch oft getan. Ich hätte ihr auch die Hochzeitsplanung überlassen und alles so gemacht, wie sie es schön fand. Mein Mann war damals der erste, der ihr die Stirn bot, ihre Einmischung nicht mehr zuließ und ihr Spiel nicht mitspielte. Er stellte sich gegen sie. Ich stand hilflos und wütend zwischen den Fronten – zwischen dem Mann, den ich liebte und meiner Mutter, die ich zufriedenstellen wollte. Mein Mann rüttelte mich aber wach und wir heirateten dann heimlich – und meine Mutter und mein Bruder haben mir das nie verziehen. Es gab einen Riesenkrach, ich hatte Heulkrämpfe und wusste nicht mehr ein noch aus. Unsere Ehe war noch lange Jahre durch dies Thema massiv beeinträchtigt – irgendwie schwebte die Energie meiner Mutter noch viele Jahre später immer über und zwischen uns.

Mein oberstes Ziel mit CQM war es deshalb, mein Leben endlich selbst in die Hand zu nehmen. Das war gar nicht so einfach, denn Mutter saß für mich wie auf einem Thron und war irgendwie unantastbar. Und doch musste und wollte ich trotzdem genau hinschauen und ehrlich mit ihr und mir sein, um Frieden mit ihr zu schließen und nicht mehr ihre Sicht vom Leben zu leben, sondern meine eigene. Als ich mit den Korrekturen anfing, begriff ich, dass ich die Aufräumerin der Familie sein musste, um selbst frei zu werden. Ich verstand mit der Zeit, welche Konzepte und Gedanken meine Mutter mit sich herumgetragen und ich von ihr übernommen hatte. Die gesamte weibliche Ahnenlinie fühlte sich anfänglich an wie ein großes dunkles Loch, wenn ich hineinspürte. Da tauchten in den CQM Seminaren und Coaching-Sitzungen immer wieder überraschende Familiengeheimnisse, betrogene und verlassene Frauen auf, damit die Wut auf jähzornige Männer, das Misstrauen in sie, Angst, Männern nicht vertrauen zu können, stark sein müssen und vieles mehr. Nach und nach verließ mich durch entsprechende Korrekturen die Schwere und beim Hineinspüren in die Ahnenlinie wurde immer mehr „Licht am Ende des Tunnels" sichtbar.

Heute ist die dunkle Energie meiner Mutter über uns beinahe komplett aufgelöst. Es hat dafür viele Korrekturen gebraucht, aber ich kann meine Mutter in anderem Licht sehen, bin viel mehr im Frieden mit ihr und habe sogar wieder ein Foto von ihr aufgestellt. Die Wut ist verschwunden, denn ich kann heute sehen, dass sie aus ihrer Sicht bestimmt ihr Bestes gegeben und nichts Böses gewollt hat. Durch das Korrigieren all der Dinge, die zwischen uns standen, kann ich heute völlig anders leben als sie und habe immer mehr das „Glücklich-Sein" für mich entdeckt. Ich bin froh, dass ich dabei bin, dieses schwere Lebensgefühl, das ich von ihr übernommen hatte, zu verändern und nicht noch an meine Kinder weitergeben werde. Das verdanke ich CQM. Und wenn ich mit meiner Familie am Tisch sitze, fühlt es sich immer öfter an wie „Friede, Freude, Eierkuchen"!

Im Gespräch ...

Gila Delbrück: Wie hat sich das Thema „Essen" bei dir entwickelt?

Als ich mit Hilfe von CQM 3 Kilo abnehmen wollte, hab ich mir ein eigenes Flowchart mit ganz persönlichen Einflüssen geschrieben. Die Liste enthielt bestimmt 800 Punkte zum Thema Kochen, Essen, Geschwister, Mutter und so weiter. Ich war selbst sprachlos, wie viele Sachen da hochkamen. Und ich habe viel daraus gelernt, denn in meine Beratung kommen ja viele Menschen, die abnehmen wollen. Ich weiß heute durch CQM noch viel besser als früher, dass an zu vielen Kilos nicht nur das falsche Essen schuld sein kann, sondern dass es ganz viele andere Ursachen und Konflikte dafür gibt. Meine Beratung ist mit CQM viel umfassender geworden und ich schaue jetzt auch immer dahin, woher es denn kommt und was die Kunden eigentlich mental und emotional mit sich herumschleppen. Und ganz oft höre ich von den Kunden „ich war doch schon so lange in der Therapie und das ist alles schon bearbeitet worden" – aber dann kommt doch alles wieder hoch und es zeigt sich, dass offenbar zwar darüber gesprochen wurde, sich aber dabei nicht viel von der Brisanz und emotionalen Ladung aufgelöst hat. Da gibt es auch trotz Therapie noch unglaublich viel zu korrigieren. Mit CQM und der richtigen Ernährung geht es meinen Kunden schnell besser, denn das Leben wird leichter und der Körper auch!

Wo nutzt du CQM im Privatleben?

Ich erinnere mich noch gut, wie ich als Anfänger ganz stur nach den Listen vorgegangen bin. Das war anstrengend und ich hab die erfahrenen Anwender in den Praxisgruppen mit großen Augen und viel Respekt beobachtet. Heute bin ich selbst ganz spielerisch damit unterwegs. Neulinge in den Praxisgruppen schauen heute mich manchmal ganz verblüfft an, wenn ich meine Korrekturen mache - ich wackele nämlich einfach mit den Zehen meines rechten Fußes, wenn ich korrigiere. Dann hab ich die Hände frei für andere Sachen! Beispielsweise haben meine Korrekturen während der Gartenarbeit dafür gesorgt, dass meine kümmerlich wachsenden Bohnen einen regelrechten Wachstumsschub bekamen, nachdem ich Korrekturen für „schneckenfrei, Wachstum, Unkraut“ und die Nachbarpflanzen gemacht hatte. Ich denke bei solchen Dingen einfach im „Stakkato“ eine Reihe von Worten und setze die Absicht, dass sich das korrigiert, was schwach ist. Und vor einiger Zeit hatte ich immer wieder Schwierigkeiten mit einem Versandhaus und landete nach langen Wartezeiten in der Telefon-Hotline ständig bei inkompetenten, unfreundlichen Mitarbeitern, ohne vernünftige Antworten auf meine Fragen zu bekommen. Nachdem ich das korrigiert hatte, hatte ich sofort nach dem Wählen eine freundliche Mitarbeiterin an der Strippe, die mir - zack! zack! - innerhalb von 30 Sekunden die Lösung präsentierte. „Wow - so geht das also!“, hab ich begeistert gedacht. Ich hab auch die Kommunion unseres Sohnes korrigiert. Die ganze Familie hatte sich angekündigt. Für mich war das schwierig, weil einige davon sich nicht mögen und nicht miteinander sprechen. Ich hab alles korrigiert, was zur Feier gehörte - den Raum, alle Personen und natürlich das Essen. Ich war selbst ganz erstaunt, denn alles war an diesem Sonntag völlig entspannt, das Essen wurde von allen gelobt (obwohl nicht selbst gekocht, sondern bestellt!) und niemand war sich an die Gurgel gegangen!

Und für unseren Sohn hab ich auch an den „frühkindlichen Reflexen“ korrigiert, mir einfach ein Buch dazu genommen und Wort für Wort die Korrekturen gemacht, während die behandelnde Therapeutin parallel dazu die üblichen Übungen gemacht hat. Sie war erstaunt, wie schnell sich bei ihm die Erfolge zeigten! Es ist noch nicht perfekt, aber sehr viel besser.

Was hat sich durch CQM verändert?

Mein Verhältnis zu mir selbst hat sich verwandelt. Früher war ich ein kleines Häufchen mit null Selbstwert. Heute weiß ich, was ich kann und wer ich bin und ich habe mein Selbstvertrauen gefunden. Ich achte viel mehr auf meine Gedanken und mach mich selbst vor allem nicht mehr runter. Ich lobe meine Kinder zum Beispiel auch täglich, sage ihnen oft „du bist gut so, wie du bist!" und ich sehe, wie gut es ihnen damit geht. Ich bin viel wachsamer im Leben unterwegs. Worte fallen mir zum Beispiel heute viel mehr auf als früher und ich mache Menschen oft aufmerksam auf das, was sie sagen und sich damit im Universum bestellen. CQM bedeutet für mich das Leben! Es ist eine so viel einfachere Art und Weise, damit durchs Leben zu gehen. Es räumt wie eine Kehrmaschine weg, was man so mit sich herumschleppt.

Welchen Tipp möchtest du den CQM-Neulingen geben?

Dranbleiben und nicht den Mut verlieren! Schraub den Kopf mit dem Verstand ab und freu dich übers Ergebnis. Man kann ja nichts falsch machen! Ich weiß aus eigener Erfahrung, dass durch CQM die eigenen Fähigkeiten geweckt werden und man viel besseren Zugang dazu findet. Man kann dann viel besser auf sein Bauchgefühl hören. Wenn ich von den Seminaren zurückkomme, fühle ich mich jedes Mal wie „erleuchtet" – das reinigt wie ein Schonwaschgang. Deshalb empfehle ich auch den Besuch der Praxisgruppen, wo man noch mehr lernt und so viel mitnehmen kann. CQM ist für mich wie Seelenbalsam!

gut zu wissen

Die Einflüsse der Eltern – das ist eines der Hauptthemen bei der Arbeit mit CQM. Viele Ansichten über das Leben und über sich selbst, Verhaltensweisen und Lebensstrategien entstehen daraus. Kinder nehmen die Eltern natürlich auch als Vorbild und richten sich nach ihnen, weil es für sie im Kleinkindalter einfach überlebensnotwendig ist. Sie übernehmen die von den Eltern erwartete Rolle, sind „das liebe, kleine, hilfsbereite Mädchen“, „der Stammhalter, der später die Firma übernehmen“ oder „die wunderschöne Prinzessin, die die geplatzten Träume der Mutter ausleben soll“.

In späteren Jahren erscheint dies oft nicht mehr stimmig und man erkennt die Begrenzungen, die daraus entstanden sind. Ob es dabei um den eigenen Selbstwert geht, eine übernommene Ängstlichkeit oder das was „man tut“ und „nicht tut“ – das Leben bietet so viel mehr Möglichkeiten und die Korrekturen verhelfen zu einem neuen Selbstbild, einem höheren Selbstbewusstsein und damit auch völlig neuen Möglichkeiten der Lebensgestaltung.

CQM bringt mehr Frieden in Familien, denn im Zuge der Arbeit mit den eigenen Programmen kann – wie hier in diesem Beispiel – durch das Korrigieren der Erwartungen und Enttäuschungen das Verständnis füreinander größer und eine neue Qualität des Miteinanders erlebt werden. Viele Anwender nutzen CQM, um bevorstehende Familienfeiern zu korrigieren ... und erleben dann wie gewünscht entspannte Weihnachten und glückliche Urlaubstage ohne familiäre Krisen oder Streit.

Mutmacher!

Als ich CQM kennenlernte, war ich total überlastet - körperlich und psychisch – und schon weit über die Erschöpfungsgrenze hinaus. Als junger Familienvater hatte ich von meinem Vater den Familienbetrieb übernommen. Von diesem Zeitpunkt an war ich finanziell nicht mehr nur für meine eigene Familie, sondern auch für den Unterhalt meiner Eltern verantwortlich, die keine Rente bekamen. Um allen gerecht zu werden, hatte ich den Betrieb über Jahrzehnte modernisiert, erweitert und erheblich vergrößert. Das war nur zu schaffen mit einem Einsatz von rund zwölf Stunden körperlich und emotional sehr anstrengender Arbeit an sechs Tagen in der Woche – am Sonntag war dann Zeit für Buchhaltung und ein wenig Freizeit mit meiner Frau und den Kindern. Durch den finanziellen Druck war auch Urlaub in diesen Jahrzehnten nur sehr wenige Male möglich. Die Sorge um das tägliche Geld und das Vorsorgen für mein eigenes Alter war zum Lebensthema, das Funktionieren war zu meiner Natur geworden. Entspannung kannte ich praktisch gar nicht. Selbst im Urlaub kam ich nicht zur Ruhe. Es ratterte in mir und Stillstand konnte ich mir überhaupt nicht vorstellen.

Diese familiären Verstrickungen und das Gefühl, für alles allein verantwortlich zu sein, ließen mir keine andere Option, als einfach weiterzumachen. Ich sah überhaupt keine Alternative, kannte niemanden, der mich hätte unterstützen können und hatte nicht die geringste Ahnung davon, wie ich die hohe finanzielle Belastung mit anderen Mitteln hätte bewältigen können. Dieser Betrieb gab uns allen zumindest die finanzielle Sicherheit. Und egal, wie ausgebrannt ich gewesen wäre: Niemals hätte ich jemanden aus meiner Familie im Stich gelassen, „nur“ damit es mir besser ginge! Es gab viele

Momente, in denen es mir so schlecht ging, dass ich auf eine Lösung von außen hoffte – und sogar Sterben wäre für mich manchmal okay gewesen. Ich funktionierte nur noch von einem zum anderen Tag und selbst der Gedanke an Urlaub oder Auszeit hätte mich als zusätzliches Thema nur noch mehr belastet und kam deshalb gar nicht erst in Frage.

Ich schaffte es ja irgendwie auch noch, und das machte mich sogar richtig stolz. Ich war der Erstgeborene und hatte für Leistung immer Anerkennung bekommen. Allerdings war mein Leidensdruck offenbar noch nicht groß genug. Mein Körper rebellierte und zeigte mir, dass ich dringend eine Lösung finden musste. Meine Gelenke taten weh und ich hatte massive Schlafstörungen. Schon seit Monaten konnte ich vor Rückenschmerzen kaum noch Autofahren oder etwas heben. Massagen, Spritzen und Medikamente hatten nicht geholfen, als der CQM Erlebnisabend meinem Leben einen Wendepunkt bescherte.

An diesem Abend war ich Proband auf der Bühne und zwanzig Minuten später schmerzfrei. Ich konnte es kaum glauben! Und dadurch, dass ich von einem Moment auf den nächsten nicht mehr auf meine körperlichen Schmerzen konzentriert war, konnte ich auch wieder „das Ganze" betrachten.

Ich spürte in den Wochen nach diesem Erlebnisabend endlich, dass es noch ein anderes Leben gab und konnte mich selbst auch besser beobachten. Ich wusste plötzlich mit Gewissheit: „So will ich in meiner Branche nicht weitermachen! Und es muss eine Lösung geben!" Ich nahm mir vor, mich selbst endlich wieder in meine Kraft zu bringen und das Leben zu führen, das ich mir früher immer vorgestellt hatte. Ich wollte gesund alt werden, mein Leben genießen und auch etwas Sinnvolles, Bleibendes tun.

Ich fing an, nach meinen wahren Interessen und Zielen zu suchen und beschäftigte mich – anfangs noch zögerlich - mit dem Gedanken, meinen Betrieb zu verkaufen. Das Erkennen, dass diese Zeit vorbei war, brauchte viel Denkarbeit. Dieses Unternehmen hatte ich in all den Jahren zu dem gemacht, was es inzwischen war – eine echte Goldgrube nämlich! Der Betrieb war ich – und ich war der Betrieb. Und wie würde es mir finanziell gehen, wenn ich diese Geldquelle nicht mehr hätte? Mit dem Geschäft waren auch viele weitere Personen verbunden, lebten davon oder verdienten ihr Geld damit – es fiel mir sehr schwer, diese langjährigen Beziehungen mit meiner Entscheidung zu belasten.

Ich lernte erst einmal CQM und begann dann, mein Umfeld auf reale Möglichkeiten abzuklopfen, sprach mit Steuerberatern, Rechtsanwälten und meinen Mitarbeitern. Ich machte Coaching-Sitzungen bei Kollegen, um mich selbst und das Projekt voranzubringen. Diese Phase ging über die Zeit von fast 2 Jahren – so viele Details und Zusammenhänge mussten geklärt und mit Korrekturen begleitet werden. Vor allem die Aufarbeitung der Beziehung zu meinen Eltern brauchte Zeit. Gegebene Versprechen wie „ich werde immer für euch da sein“ waren wie Betonringe an meinen Füßen und boten kaum Spielraum für Alternativen. Durch die Korrekturen wurden dann langsam neue Möglichkeiten sichtbar.

Ich ging häufig in die Praxisgruppen, lernte immer mehr

dazu, traf Gleichgesinnte und bekam von ihnen auch viele Impulse - sie machten mir Mut für die Veränderungen und halfen mir, den Blickwinkel zu verändern – so gewann ich mehr und mehr Sicherheit für mich selbst, für meine Entscheidungen und mein Ziel.

Der Tages-Workshop mit Karin Hafen zum Thema „Warum verkaufe ich mich noch nicht optimal?“ gab mir ganz wesentliche Hinweise. Er zeigte mir nämlich ganz deutlich, was meine wahren Fähigkeiten sind! Einige von ihnen hatte ich in all den Jahren völlig vergessen und andere teilweise noch gar nicht entdeckt. So schaute ich mich um, was meine berufliche Richtung sein könnte und entschloss mich dann, endlich aktiv zu werden, den nächsten konkreten Schritt zu gehen und den Verkauf des Betriebes tatsächlich in die Realität umzusetzen. Ich untersuchte mein Umfeld auf die Möglichkeiten, betrachtete die verschiedenen inneren und äußeren Einflüsse und suchte dann gezielt nach einem Käufer. Eine Systemische Aufstellung mit CQM zeigte dann, dass dieser mögliche Käufer für den Betrieb sogar schon in meinem Umfeld war – und genau dort fand er sich nur wenige Tage nach dieser Aufstellung! Die komplette Geschäftsübergabe mit allen Verträgen und Vereinbarungen dauerte noch etwa ein Jahr.

Parallel zu diesem Ablösungsprozess vom Betrieb durchlief ich nach mehreren CQM Seminaren noch verschiedene weitere intensive Ausbildungen und bin heute Hypnose-Coach und Familien- und Sucht-Berater. Ich sehe mich als Mutmacher meiner Klienten und biete spezielles Männer-Coaching an, z.B. in Form von Wandercoachings am Norddeutschen

Jakobsweg. Viele Frauen schenken ihren Männern dieses Coaching zum Geburtstag.

Allerdings liegen mir auch Kinder und Jugendliche sehr am Herzen. Für sie habe ich besondere Coaching-Methoden gelernt und berate die ganze Familie, wenn das harmonische Miteinander gestört ist und Hintergründe und neue Wege gefunden werden sollen. Diese gesamte Arbeit ist das, was mich morgens gern aufstehen lässt, mir ein Lächeln aufs Gesicht zaubert und mein Herz erfüllt. Das ist das Leben, das ich führen will!

Im Gespräch ...

Gila Delbrück: Bei welchen Punkten hat CQM dir am meisten geholfen?

Es hat mich dabei unterstützt, meine Gedanken zu sortieren, mein Ziel nicht aus den Augen zu verlieren und bei allen Veränderungen gelassen zu bleiben. Plötzlich wurden Lösungen greifbar, die vorher nicht einmal denkbar waren. CQM half dabei, das Familiensystem mit allen Verstrickungen und Erwartungen zu neutralisieren, entstehende Konflikte mit dem Nachfolger zu lösen, äußere Einflüsse zu minimieren und mir selbst immer wieder klar zu machen, dass ICH es bin, der mein Leben in die Hand nimmt!

Was ist der rote Faden in deinem Leben?

Hilfsbedürftigen zur Seite stehen war schon immer mein Anliegen. Menschen öffneten mir schon immer ihr Herz, Kinder aller Altersgruppen kommen zu mir, wo immer ich mich aufhalte, und vertrauen sich mir an. Schon früher wollte ich Kinderbücher schreiben, hatte aber nie Zeit dazu. Seit der Betrieb an den Nachfolger übergeben ist, entdecke ich diese Potenziale wieder neu.

Du hast viel mit Jugendlichen zu tun. Wie erklärst du ihnen CQM?

Ich sage immer: „Mit CQM wird der Schreibschutz der Festplatte aufgehoben und ein Systemscan eingeführt, der die eingeschlichenen Schadprogramme ermittelt und diese dann neutralisiert. Alle Ordner bleiben erhalten! Das System läuft aber nun besser und kann in jedes soziale Netzwerk entspannter eingebunden werden. Funktioniert bei großen Rechnern genauso wie bei kleinen Notebooks." Das können Jugendliche sehr gut nachvollziehen.

Was hat sich in deinem Alltag geändert, seit du CQM nutzt?

Eigentlich fast alles! Ich bin gesund, die Gelenke sind schmerzfrei, ich schlafe gut und stehe morgens entspannt auf. Und das Wichtigste: Ich hab mein Lachen wiedergefunden! Menschen, die mich früher kannten, erkennen mich kaum wieder und sprechen mich darauf an, wie entspannt und jung ich wieder aussehe! Ich bin endlich am richtigen Platz angekommen, kann meine Zeit so einteilen, wie es mir gefällt und liebe meine Arbeit!

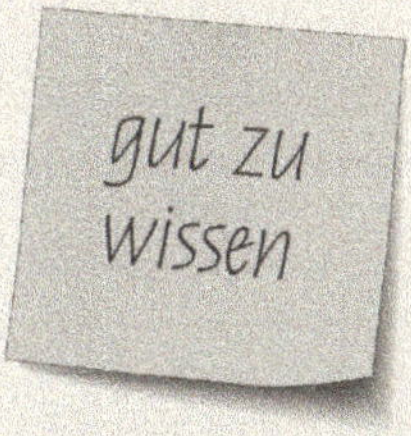

Wesentliche Aspekte der Arbeit waren hier die unterschiedlichen Anforderungen des Protagonisten, der als loyaler Sohn den Familienbetrieb weiterführen, seiner eigenen Familie ein zuverlässiger Ehemann, Versorger und Vater sein wollte ... und eigene Wünsche und Träume immer zurück stellte. Diese Anteile widersprachen sich und ließen keine Alternativen erkennen. Weitere besonders schwere Gepäckstücke im Rucksack waren hier die Einflüsse der Vorfahren. In diesem Fall waren auch besonders viele Kriegsereignisse präsent. Es ging um die Trennung von Kindern und Eltern im Krieg, das Schicksal von Waisenkindern, um den Kampf ums Überleben und ums Versorgt-Sein, um die ständige Angst vorm Verhungern und ein daraus entstandenes übergroßes Sicherheitsbedürfnis. Dieses Lebens-Grundgefühl war hier an den Nachfahren weitergegeben worden. Im Coaching finden sich häufig die vielfältigen Traumata der Vorfahren wie zum Beispiel Familiengeheimnisse, Ansichten über Männer und Frauen, Existenzängste oder auch Glaubenssätze wie „wir gehören nicht dazu“. Lassen Sie sich deshalb einmal von Ihren Eltern erzählen, was sie selbst erlebt haben, was sie Ihnen von Ihren Großeltern und anderen Verwandten berichten können. Vielleicht gibt es von Ihrer Familie auch einen Stammbaum oder ein Genogramm? Es lohnt sich, genau hinzuschauen, welche Schicksale besonders auffällig waren und welche Emotionen, Bedürfnisse oder Mechanismen sich möglicherweise daraus ergeben haben. Diese Informationen können Sie als Basis für die Arbeit mit CQM nutzen.

Mach doch mal das Licht an!

„Ich bin immer froh, wenn der Tag rum ist!“ erzählte ich Gila Delbrück, als ich 2012 die erste telefonische Sitzung bei ihr hatte. Tiefsitzende Ängste begleiteten mich. Sie waren besonders stark, wenn ich wenig geschlafen hatte, viel unter Leuten gewesen war oder im Kreise meiner Freunde ein oder zwei Glas Wein getrunken hatte. Dann bekam ich teilweise das Gefühl, keine Luft mehr zu bekommen und hatte Angst zu sterben. Ich hatte nachts schreckliche Träume von scharfen Messern und Hackebeilen und die Tage waren so anstrengend! Ich ging zwar zur Arbeit, aber ansonsten kaum noch aus dem Haus. Ich kam mir alt vor und hatte doch gerade erst meinen 27. Geburtstag gefeiert. Ich hatte solche Angst, dass mir selbst etwas geschah, machte mir Sorgen, dass meinen Eltern oder Freunden etwas passieren könnte und hatte generell große Furcht vor dem Leben. Wegen meiner Antriebslosigkeit hatte ich verschiedene Ärzte aufgesucht, aber man nahm mein Anliegen nicht wirklich ernst. Man sagte mir Dinge wie „nun stellen Sie sich mal nicht so an!“ oder „nehmen Sie sich mal zusammen – dann sind Sie eben mal ein bisschen müde!“

Eine Freundin schenkte mir das Buch „Wenn Fische fliegen“ und ich war sofort begeistert davon. Ich hatte schon als Kind gute Erfahrungen mit alternativen Heilmethoden gemacht, denn ich war fünf Jahre alt, als jemand durch Besprechen meine Warzen verschwinden ließ. Als ich zwei Jahre später wieder eine bekam, dachte ich „das kann ich auch!“ – und sie verschwand tatsächlich! Nach dem Fische-Buch wusste ich: „WOW – es gibt einfach noch mehr! Das ist der Knaller, das möchte ich lernen!“ Die ersten Erlebnisse im CQM Seminar in Berlin waren wirklich abgefahren! Ich wusste nicht, ob ich lachen oder weinen sollte, als ich in einer Partnerübung bei Korrekturen für die Wirbelsäule stark spürte, wie CQM wirkt! Es fühlte sich so an, als würde ich wachsen!

Gila war als Assistentin im Seminar dabei und ich arbeitete mit ihr danach in telefonischen Sitzungen zuerst einmal an meinen Ängsten. Offenbar hatten auch viele vorgeburtliche Einflüsse einen großen Anteil an meinem Zustand und schon nach dem ersten Coaching ging es mir bedeutend besser. Ich fühlte mich so erleichtert, hatte viel mehr Spaß am Leben, konnte die Tage genießen und war wieder mehr mit Freunden zusammen. Ich ging zum Feiern und zum gemeinsamen Grillen – ohne wie früher am nächsten Tag wieder in meine angstvolle Starre zurückzufallen!

In weiteren Sitzungen korrigierten wir an meiner beruflichen Situation, die mir sehr viel Stress und wirkliche Bauchschmerzen bereitete. Als Physiotherapeutin verdiente ich so wenig, dass ich zusätzlich noch drei Nebenjobs hatte, um mich finanziell über Wasser zu halten. Ich hatte Angst, das nicht mehr lange durchzuhalten. So bewarb ich mich in einer anderen Praxis um eine leitende Position. Als ich zum Vorstellungstermin eingeladen wurde, störten mich die kleinen Behandlungsräume, die Enge und das große Arbeitsaufkommen. Ich hatte Sorge, es würde Arbeit wie am Fließband auf mich zukommen. Durch CQM konnte ich meinen Blickwinkel ändern und nicht nur darüber hinweg sehen, sondern die Herausforderung darin finden und die Zuversicht, dort als Leiterin etwas zum Positiven verändern zu können.

Ich bekam die Stelle tatsächlich, war nun Vorgesetzte von

vier teilweise älteren Mitarbeitern und trug die volle Verantwortung für Abrechnung und Organisation. Das fiel mir anfangs schwer, aber wir korrigierten mit CQM nochmals Erfahrungen aus der Schulzeit und die erforderlichen Qualitäten und Eigenschaften einer „Autorität". Danach gelang es mir in der neuen Position, den Kollegen ein Gefühl der Sicherheit zu vermitteln, meinen Standpunkt zu vertreten, freundlich Anweisungen zu geben und bei allen Anforderungen gelassen, fair und selbstsicher zu sein, ohne mich rechtfertigen zu müssen oder in Konkurrenzthemen mit einzusteigen. Ich ging danach jeden Tag gern zur Arbeit und verdiente auch endlich das, was ich verdienen wollte. Meine Nebenjobs konnte ich aufgeben und hatte endlich mehr Zeit für mich.

Parallel zu all diesen Themen arbeiteten wir viel an familiären Themen, an meinen Beziehungen zu Männern und an meiner Rolle als Frau. Ich spürte, dass ich in all diesen Bereichen in großer Anspannung war, die mir mein Körper immer wieder durch Bauchschmerzen signalisierte.

Im Januar 2014 bekam ich das Angebot, einen Seminarveranstalter auf dessen Kosten für längere Zeit nach Hawaii zu begleiten. Doch plötzlich befiel mich wieder ein Gefühl von Angst. Es war diese Art von Beklemmung, die mich schon früher davon abgehalten hatte, Flugzeuge zu besteigen. Auch weiteste Entfernungen hatte ich deshalb immer eher mit dem Auto zurückgelegt. Bei Hawaii würde das natürlich nicht gehen! Ich musste für dieses Projekt nicht nur weit reichende Entscheidungen treffen und dafür auch meinen Arbeitsplatz kündigen – sondern vor allem die Flugangst dringend loswerden! CQM unterstützte auch hier sehr schnell, denn nach der Sitzung konnte ich mich kaum noch daran erinnern, wie es vorher gewesen war! Hatte ich jemals Angst vor dem Leben und vor dem Fliegen gehabt?

Voller Freude traf ich nämlich all diese anstehenden Entscheidungen, fand für meine Wohnung für befristete Zeit einen Untermieter, kündigte meinen Arbeitsvertrag, ließ mich auf das Abenteuer ein und stieg optimistisch und entspannt in den Flieger. Einige Stunden später schrieb ich Gila über Facebook: „Bin grad in Honolulu gelandet und es war herrlich entspannt. Und ich realisiere jetzt gerade: WOW - mir steht die Welt offen, ich kann ja fliegen!“ Diese Erfahrung hat mich richtig mutig gemacht, auch mit kleinsten Fliegern Inselhopping zu machen. Und ich habe festgestellt: alles geht! Mein nächstes Ziel ist Neuseeland – ich werde dort ein Jahr verbringen, mich treiben lassen und jobben, wo es schön ist.

Im Gespräch ...

Gila Delbrück: Hast du dich durch CQM charakterlich verändert?

Absolut! Im Nachhinein bin ich fast erschrocken, wie negativ ich früher war. Ich hab mich selbst verurteilt und gedacht, ich mache alles falsch. Heute sehe ich unangenehme Situationen als Erfahrung und als Chance, daraus zu lernen. Wenn etwas nicht so läuft, wie ich es gern hätte, kann ich jetzt erkennen, was dahintersteckt. Mir wächst nichts mehr über den Kopf, denn ich kann mich hinsetzen und daran arbeiten.

Früher hab ich auch oft anderen die Schuld dafür gegeben, wenn es mir nicht gut ging. Ich habe gelernt, ganz bewusst mehr Selbstverantwortung zu übernehmen und mein Leben konkreter zu gestalten und zu genießen. Und ich habe als junges Mädchen viel gelästert und gemeckert. Das habe ich völlig eingestellt. Ich weiß ja jetzt, was Gedanken machen, wenn man sie einmal losgeschickt hat. Wenn es nicht mein Thema ist, kann ich es heute beim Anderen lassen. Ich kann heute so schön zufrieden mit mir sein! Und wenn mir etwas nicht passt, dann ändere ich das einfach – das macht so viel Spaß! Jetzt ist alles gut!

Gibt es die Ängste um deine Angehörigen noch?

Nein. Ich fühle mich viel sicherer. Die Beziehung zu meinen Eltern hat sich überhaupt sehr verbessert, besonders deshalb, weil auch meine Mutter inzwischen CQM gelernt hat. Wir haben viel mehr Verständnis füreinander, sind nicht mehr so empfindlich oder gekränkt, sondern klären oder korrigieren, was da auftaucht. Wenn meinen Eltern heute etwas geschehen würde, wäre ich natürlich sehr traurig, aber nicht mehr voller Angst. Ich könnte dann sagen „ich hab tolle Eltern gehabt, ich hab viel mit ihnen erlebt und bin dankbar, dass sie da waren." Auch die Beziehung zu meinem Partner ist so viel besser geworden. Ich bin entspannt, glücklich und gelassen. Es ist alles gut, wie es kommt.

Setzt du CQM auch in deiner Arbeit ein?

Ja – täglich. Ich hab mich immer darüber gewundert, warum es in der Physiotherapie irgendwo ein Stopp gab. Warum ging es nicht weiter? Ich weiß heute, dass viel tiefere Ebenen angesprochen werden müssen und viele Beschwerden ihren Ursprung im energetischen Bereich haben. Heute korrigiere ich bei der Behandlung die Muskeln, Sehnen, Bänder und viele andere Einflüsse und erlebe sehr schnelle Veränderungen. Die Patienten können oft nicht damit umgehen und sagen dann „Das kann doch nicht so schnell besser werden!“ und setzen sich damit selbst ihre Grenzen. Es ist wirklich erstaunlich, was Gedanken und Glaubenssätze mit Menschen machen!

Was hast du außer den Korrekturen gemacht, um dorthin zu kommen, wo du heute bist?

Ich hab inzwischen viele CQM Seminare besucht. Aus jedem dieser Seminare bin ich mit tollem, neuem Input herausgekommen. Immer wieder habe ich mich hingesetzt und nachgedacht, meinen inneren und äußeren Standort bestimmt, anstatt es einfach laufen zu lassen. Früher hätte ich gedacht „das will ich nicht“ - heute denke ich konkret und überlege „was will ich denn, wie soll es sein?“

Was hat sich durch CQM in deinem Leben verändert?

Nach den Telefoncoachings hab ich immer ein großartiges Gefühl von Gelassenheit. Danach geht’s mir immer so gut und ich sehe, dass ich ja so viele Möglichkeiten habe! Ich spüre in jeder Sitzung, was da passiert und danach ist alles viel leichter. Das Ohnmachtsgefühl und die Antriebslosigkeit von früher sind völlig verschwunden. Ich bin handlungsfähig, sehe schwierige Situationen als Lernaufgabe und schau mir an, warum es grad schwierig ist. Wenn ich entdecke, was es mit meinem eigenen Anteil zu tun hat, setze ich mich damit auseinander und kann es korrigieren. Manches geht superschnell, manches langsamer. Das Wichtigste für mich ist die Erkenntnis, dass das Bewerten von Dingen und Menschen nicht ohne Folgen bleibt. Wir lernen in den Seminaren so deutlich, dass jeder Gedanke ankommt und Wirkung hat - auf sich selbst und auf andere. Das ist so wichtig.

Mit Neutralität ist einfach alles viel entspannter. Man hat nur noch nette Menschen um sich herum! Heute hab ich das Leuchten in meinen Augen, habe meine Lebensfreude gefunden und stecke andere damit an. Aus Angst vorm Leben ist Vertrauen ins Leben geworden und ich weiß, wenn das Leuchten mal schwächer wird, kann ich mich hinsetzen und das Licht wieder anschalten!

Die Ursprünge von Ängsten liegen oft im frühkindlichen Bereich und manchmal im Zeitraum der Geburt oder sogar davor. Das kann sich durch Ängste in Tunneln, Fahrstühlen oder Flugzeugen zeigen wie in diesem Beispiel. Bei älteren Menschen finden sich häufig noch die Einflüsse von Bombardierungen durch Flugzeuge im Krieg als Ursache der Angst vorm Fliegen – sie haben diese Zeit im Kinderwagen erlebt und die Angst im Unbewussten abgespeichert.

Durch die Neutralität, die die so genannte „goldene Regel" von CQM ist, treffen wir allerdings niemals Annahmen, ob eine Situation die Ursache gewesen sein kann, denn immer ist es die Einschätzung der Situation durch den Klienten , die zur Bewertung und dann möglicherweise zur Angst geführt hat. Eine von der Mutter als schnelle und einfache Geburt kann vom Säugling nämlich durchaus als traumatisch erlebt werden – weil er es als *zu* schnell empfunden hat, in diese Welt zu kommen.

Rot, gelb ... grün!

Zum Zeitpunkt meiner ersten CQM Sitzung zeigte die Ampel auf rot. STOP! Nichts ging mehr. Stillstand.

Mein Geschäftspartner hielt sich nicht an unsere Absprachen, brachte sich nicht mehr in unser gemeinsames Unternehmen ein und zu allem Überfluss gab es auch noch finanzielle Unstimmigkeiten, die er zu verantworten hatte. Meine Rolle als Unternehmerin kollidierte immer wieder mit meiner Nettigkeit – wie auch zu dem Zeitpunkt, als ich vor längerer Zeit aus persönlichen Gründen Unterstützung gebraucht und deshalb diesen Geschäftspartner mit in mein Unternehmen aufgenommen hatte. Er brachte damals zwar seine Zeit ein – allerdings keinen finanziellen Beitrag, keinerlei Wissen und keine Erfahrung in meiner Branche. Und so lag alles weiterhin auf meinen Schultern: Die Verantwortung für die Mitarbeiter, die Umsätze und alle finanziellen Belange. Sein Zutun und sein Beitrag zum Geschäftserfolg war inzwischen nur noch gering, der Gewinn wurde aber noch immer geteilt!

Ich drückte mich seit Wochen um eine Aussprache, denn inzwischen fühlte ich mich fremd in meiner eigenen Firma und brachte es nicht übers Herz, ihm zu sagen, dass ich etwas verändern und mich wieder von ihm trennen wollte. Ich litt unter Schlaflosigkeit, konnte kaum noch Entscheidungen treffen, ging ungern ins Büro und hätte mich am liebsten krank gemeldet. Schließlich hatte er mir zur Seite gestanden, als ich ihn brauchte. Und ich hatte das Gefühl, ihm ewig dafür dankbar sein zu müssen. Er tat mir auch leid, weil er so einsam und unglücklich war. Und außerdem bin ich ja sooo nett ...!

In der ersten Sitzung bei Gila erlebte ich eine sehr überraschende Systemische Aufstellung, die sie als Basis für die Korrekturen nutzte. Ich erkannte mich als Teamplayer und gute Seele der Firma. Mein eigenes Wohl war mir weniger wichtig als das der Mitarbeiter. Deren privaten Probleme löste ich gern und stellte jederzeit meine Zeit zur Verfügung, wenn jemand mich brauchte. Die Sitzung zeigte mir deutlich, woran es haperte und gab mir einen neuen Blick für meine eigene Stellung im Unternehmen. Ich positionierte mich in dieser Aufstellung erstmals in einer neuen Rolle als Chefin. Die Ampel schlug um auf gelb und wurde sehr schnell grün!

Allerdings wurde mir durch diesen neuen Blickwinkel auch klar, dass mir die Firma eigentlich zu groß geworden war, ich hatte zu viele Angestellte, arbeitete zu viel und zu lange - und die Summen, die ich jeden Monat mindestens einfahren musste, machten mir Angst. So beschloss ich, mich nicht nur von meinem Geschäftspartner zu trennen, sondern das Unternehmen sogar zu verkaufen.

In einer weiteren Sitzung arbeiteten wir an der Summe, die ich beim Verkauf erzielen wollte. Mir schlotterten förmlich die Knie beim Gedanken daran, den „Herren in den grauen Anzügen“ die angedachte hohe Summe hocherhobenen Hauptes zu nennen. Schon wieder ertappte ich mich dabei, mir mehr Gedanken über die Käufer zu machen und ob sie sich das leisten könnten, als darüber, was ich wirklich wollte. Nach der Sitzung fühlte ich mich taff und cool und präsentierte den Interessenten mein Unternehmen voller Selbstbewusstsein. Der Deal klappte und ich war frei.

So konnte ich in aller Ruhe einen Plan umsetzen, den ich schon lange im Kopf hatte. Mit meinem Mann wollte ich eine Wellness-Oase an der Ostsee eröffnen und meinen Verkaufserlös dafür einsetzen. Große Umbauten waren notwendig und es dauerte lange, bis alles fertig war. Wir schufen eine Salzgrotte mit großzügigem Wellness- und Sportbereich und einem separaten Behandlungsraum für meine Energiearbeit in einem wunderschönen Ambiente. Schon kurz nach der Eröffnung fuhren wir gute Umsätze ein und ich fühlte mich pudelwohl. Leider stellte sich nach einiger Zeit heraus, dass mein Mann das völlig anders empfand. Er fühlte sich nicht dafür geeignet, in einem Laden zu stehen, immer freundlich zu sein und unternehmerisch zu denken. Er sehnte sich nach seinem vorherigen Arbeitsplatz und dem geregelten Einkommen zurück und begann, unter der Situation zu leiden. Diese Situation hätte an den Grundfesten unserer Ehe rütteln können, aber dank CQM konnten wir behutsam und gemeinsam mit dieser Situation umgehen und suchten deshalb nach einer neuen Lösung, die für uns beide passte.

Der Arbeitgeber meines Mannes nahm ihn gern wieder unter Vertrag, wir zogen wieder zurück in die Hansestadt und ich pendelte einige Zeit an die Ostsee ins Geschäft. Aber das war auf Dauer nicht durchzustehen. Zu viel Zeit und zu viele Kilometer trennten mich und meinen Mann, und unsere Beziehung war uns sehr viel wichtiger. So beschloss ich, die Salzgrotte an einen Nachfolger weiterzugeben. Wir fanden schnell eine geeignete Interessentin, die bereit war, in unseren Mietvertrag einzusteigen und unsere teure Ausstattung zu einem fairen Preis abzukaufen. Dabei hatten wir allerdings nicht mit unserem Vermieter gerechnet. Er hatte mir

Angst gemacht vom ersten Moment unserer Zusammenarbeit. Nicht nur, dass er Ähnlichkeit mit meinem Vater hatte und alte Verhaltensmuster in mir hervorrief, er hatte auch eine irgendwie unheimliche Ausstrahlung und schlich ständig um mich herum, wenn ich im Geschäft war. Ich mochte einfach nicht mit ihm allein sein. Er war mir zu freundlich und zu aufdringlich. Eines Tages reichten meinem Mann seine ständigen Aufenthalte in unserem Geschäft und er bat ihn, die Räume zu verlassen. Die Stimmung kippte schlagartig. Nun war der Vermieter überhaupt nicht mehr freundlich, sondern bösartig und abweisend.

Als wir ihm unsere Nachmieterin vorstellten und froh waren, eine Lösung zum Wohle aller gefunden zu haben, lehnte er sie ab und verlangte, dass wir alle Einbauten und Umbauten rückgängig machen und den Laden so wieder herrichten sollten, wie wir ihn übernommen hatten. Das bedeutete für uns, dass wir die Ausstattung nicht verkaufen konnten und erhebliche zusätzliche Rückbaukosten haben würden! Die Summe, die wir dafür aufbringen mussten, belief sich auf rund 160.000 Euro. Die Privat-Insolvenz stand uns bevor.

Da war sie wieder – die rote Ampel!

In dieser Zeit kam ich an die Grenze meiner Leistungs- und Leidens-Fähigkeit. Alle Abwicklungen lagen bei mir – ich war ja lange Zeit Unternehmerin gewesen, hatte selbständiges Denken und hielt alle Fäden in der Hand. CQM Coachings halfen mir sehr dabei, die Ampel auf GRÜN zu schalten, wenn sie wieder einmal umgesprungen war, dadurch Schritt für Schritt weiter voranzugehen, über Kredite und

Zwischenfinanzierungen zu verhandeln und alle Beteiligten auszuzahlen. Für mich war das Ehrensache. Eine Insolvenz stand für mich außer Frage.

Die Sache mit dem Vermieter eskalierte in dieser Zeit. Er bedrohte uns und war zu keinerlei Gesprächen oder Verhandlungen bereit. In einer CQM Sitzung fanden wir Zusammenhänge, die für mich erstaunlich, aber absolut schlüssig waren: es waren uralte Verbindungen, die hier fühlbar und durch Korrekturen geglättet wurden. Auch hier schlug die Ampel nach dem Coaching auf Grün um: Plötzlich war Herr M. bereit, mit meinem Mann zu verhandeln und war sogar flexibler in Bezug auf den Zahlungsmodus! Der Kleinkrieg, der mich so viel Angst und Sorge gekostet hatte, löste sich auf.

Das Gehalt meines Mannes hielt uns in dieser Zeit über Wasser und wir hatten eine günstige Wohnmöglichkeit in Hamburg gefunden. Und auch ich hatte Glück – ich fand schnell eine Stelle als Beraterin zu einem geringen Stundensatz, aber ich konnte zumindest ein wenig Geld verdienen, um die Schuldenlast langsam abzutragen. Wir mussten sehr sparsam leben und jeden Cent umdrehen, aber alle Beteiligten waren dank der Korrekturen jederzeit versöhnlich und flexibel, auch wenn wir die Raten manchmal erst verspätet zahlen konnten. Schließlich hatten wir unser Versprechen gegeben, alles zurückzuzahlen. Und CQM hat zu dieser Zeit alles aus dem Weg geräumt, was hätte schwierig werden können.

Nach einigen Monaten fragte ich nach einer Gehaltserhö-

hung. Aber mein Wunsch wurde abgelehnt. Bei mir tauchten Gedanken auf wie „ich darf nichts verlangen und muss dankbar sein, dass man mich hier überhaupt aufgenommen hat". Ich machte wieder eine CQM Sitzung, um diese Dinge loszuwerden. So entstand der Gedanke, mich wieder selbständig zu machen.
Wir korrigierten nochmals meine Schuldgefühle gegenüber meiner Arbeitgeberin, meine Sorgen, dass die Kunden mit mir ziehen würden und dass man mir vorwerfen würde, ich sei unehrlich und egoistisch. Ich teilte meiner Vorgesetzten dann meinen Entschluss offiziell mit, kündigte und startete anschließend noch einmal neu in die Selbständigkeit – diesmal mit einem mobilen, kleinen Laptop- und Handy-Büro, arbeitete in Cafés, in stundenweise gemieteten Räumen von Bürogemeinschaften oder Empfangshallen von Hotels. Meine Geschäfte konnte ich von überall machen. Für ein Büro reichte mein Geld noch nicht und ich brauchte am Anfang auch noch keine repräsentativen Räume. Innerhalb kurzer Zeit hatte ich aber wieder ein kleines Büro in der City und so gute Umsätze, dass ich unsere Schulden wie erhofft in viel kürzerer Zeit als ursprünglich erwartet zurückzahlen konnte.

Inzwischen habe ich wieder zwei Mitarbeiter, bin strukturierter und ganz zielgerichtet. Größer soll meine Firma nicht werden, denn noch immer möchte ich mir meinen Traum erfüllen und meine geliebte energetische Arbeit wieder in den Vordergrund holen. Ich bin sicher, dass es mir gelingen wird, denn wenn die Ampel mal wieder auf Rot steht, weiß ich, dass man sie mit CQM auf Grün umschalten kann.

Im Gespräch ...

Gila Delbrück: Wobei hat CQM dich am meisten unterstützt?

Bei allen unternehmerischen Entscheidungen und Engpässen war CQM sehr effektiv. Es hat geholfen, meine eigene Position zu stärken, mehr bei mir selbst als bei den anderen zu sein. Auch haben mir die vielen praktischen Tipps von Gila sehr gute Impulse gegeben. Besonders die Sache mit dem Vermieter war eine der größten Herausforderungen. Zu Beginn hatte ich schlaflose Nächte und hätte mir nicht vorstellen können, ihn zu treffen. Nach den Sitzungen war ich gestärkter und vor allem auch neutraler in meinen Emotionen. Es gelang mir sogar, seine Sicht der Dinge zu verstehen und ihn als einen Menschen mit ganz eigener Geschichte zu begreifen, auch wenn ich nicht wusste, was ihn zu dem gemacht hatte, wie ich ihn erlebte. Ich konnte erkennen, was diese Ereignisse mit mir zu tun hatten, meine eigene „Ladung" in dem mir gespiegelten Thema korrigieren und bekam durch die Korrekturen viel mehr Ruhe und Handlungsfähigkeit. Am Ende war ich sogar in der Lage, Mitgefühl für ihn zu haben und ihm freundliche Gedanken zu schicken. Wie heißt es bei CQM? „Du bist der beste Mensch!" – ein Satz, den ich zu Beginn nicht einmal hätte denken können!

Was hast du für dich selbst mit CQM verändern können?

Ich liebe die Neutralität von CQM – das ist so ein wertvoller Schatz im Alltag! Ich bewerte und verurteile nicht mehr.
Heute ist es mir dadurch möglich, andere Sichtweisen zu verstehen und ich kann über mich selbst lachen. Viel Zwischenmenschliches hat sich im Rahmen der Korrekturen verbessert, meine Beziehungen zu anderen Menschen sind viel klarer und stressfreier geworden. CQM hat bei mir sehr viel in diesen Beziehungs-

themen gelöst und ich habe entdeckt, dass viele meiner beruflichen Schwierigkeiten in meiner Kindheit und in der Beziehung zu meinem Vater begründet waren.
Ich kann heute ganz selbstverständlich den Preis für mein Angebot nennen und dieser wird auch von meinen Kunden problemlos akzeptiert. Auch kann ich viel leichter Entscheidungen treffen, Grenzen setzen und sogar nein sagen. Außerdem steigen meine Gewinne stetig. Ich arbeite strukturierter, mit weniger Aufwand und mehr Gewinn.
Im Beruf habe ich durch CQM zu konkretem Handeln gefunden, sehe viele Zusammenhänge realistischer, besitze heute viel mehr Durchsetzungsstärke als früher und kann klar und deutlich für mich und meine Belange eintreten. Ich fühle mich heute geordnet und autonom. CQM hat mich in der schweren Zeit mutig gemacht. Das kann mir niemand mehr nehmen.

Was empfiehlst du Menschen, die CQM kennenlernen möchten?

Machen Sie regelmäßige Sitzungen! Ich habe einmal im Monat meinen Termin bei Gila und schaue mir an, was gerade anliegt und mich beschäftigt oder beunruhigt. Die verschiedenen Möglichkeiten wie Systemische Aufstellungen oder NLP Ansätze sind immer wieder interessant, erhellend und ermutigend. Nach jeder Sitzung fühlt man sich erleichtert, gestärkt und optimistisch. Ein Gefühl, das ich nicht mehr missen möchte. Mein Leben hat heute eine viel höhere Qualität.

gut zu wissen

CQM wird im unternehmerischen Bereich angewendet, um Projekte zu optimieren und mehr Umsatz zu erzielen. Die Ursachen für fehlenden Erfolg eines Unternehmens liegen häufig im persönlichen Bereich des Inhabers, beispielsweise im Selbstwert oder der Beziehung zum Geld. Deshalb haben dessen ganz persönliche Einflüsse aus privaten Konflikten und Erfahrungen immer auch Auswirkung auf den Geschäftserfolg. Auch die fehlende Zielsetzung eines Unternehmens, mangelnde Kommunikation der Geschäftsleitung mit den Mitarbeitern oder die Unfähigkeit des Chefs oder der Chefin, „klare Ansagen“ zu machen, können aufgedeckt und korrigiert werden. Manchmal werden auch hier Einflüsse der Ahnen deutlich wie zum Beispiel Insolvenzen, der Verlust von Besitz durch Vertreibung, Kriegseinflüsse oder ein übernommenes familiäres Minderwertigkeitsgefühl wie „wir gehören nicht dazu“, aktivieren oft ein völlig unbewusstes Anti-Erfolgs-Programm. Durch CQM werden innerbetriebliche Abläufe verbessert, ungenutzte Potenziale erkannt und über das persönliche Einzel-Coaching der Mitarbeiter bewusste und unbewusste Konflikte innerhalb des Teams gelöst. Vor allem kann durch den Einsatz von CQM-Coachings auch den Mitarbeitern die Möglichkeit gegeben werden, private Herausforderungen gen leichter zu lösen, in der eigenen Persönlichkeitsentwicklung voran zu kommen und dann wieder mit mehr Freude und Energie am Arbeitsplatz zu sein.

Das Lauffeuer

Erfolgreich fand ich mich mit meiner Praxis für Physiotherapie eigentlich schon immer. Da gab es schon ganz viele Dinge, die ich in meiner Arbeit verknüpfte. Die Cranio-Sacral-Therapie gehörte genauso dazu wie Akupunktmassage, allerdings hatte mich auch schon immer alternatives Behandeln angesprochen und so lernte ich Meridian Energie Technik (MET) und machte etliche Fortbildungen und Kurse für sensibles Einfühlen. Als ich dann zu einem CQM Erlebnisabend mitgenommen wurde, war ich deshalb auch völlig offen für neue Erfahrungen und CQM hat mich sofort gepackt. Ich konnte das Seminar in Berlin kaum abwarten. Das ist jetzt knapp 2 Jahre her.

Vor diesem Seminar hatte ich schon längere Zeit eine Patientin betreut, die den rechten Arm kaum noch bewegen konnte. Nachts kam sie vor Schmerzen nicht zur Ruhe, die Krankengymnastik brachte zwar Linderung, aber keine wirkliche Besserung. Laut MRT waren die Strukturen der Rotatoren-Manschette völlig marode und sie hätte operiert werden müssen. Als ich ihr von meinem bevorstehenden CQM Seminar erzählte, sagte sie gleich: „Oh, machst du das dann auch mit mir?“. Zwei Tage nach dem Seminar hatte sie ihren nächsten Termin in meiner Praxis. Ich hab mir meine Flowcharts genommen und hab angefangen zu korrigieren, so wie wir das gelernt hatten. Nach 10 Minuten konnte sie ihren Arm zu 70% besser bewegen! Dann hab ich sie zwei Wochen nicht mehr gesehen. Bei ihrem Folgetermin kam sie lachend in meine Praxis und erzählte: „So. Da muss ich dir jetzt mal was erzählen. Der Arzt hat wieder ein MRT gemacht und kam aus dem Staunen nicht mehr heraus. Stell dir vor: die Strukturen sind wieder geschmeidig und elastisch! Und guck dir meinen Arm an! Ist das nicht klasse, wie ich ihn wieder bewegen kann?“

Kurze Zeit später hatte ich eine Patientin, die mir während der Behandlung davon erzählte, dass ihre kleine Tochter seit 2 Jahren immer wieder Blasenentzündungen hätte und deshalb oft Medikamente bräuchte. Ich hab gesagt: „Bringen sie mir doch die Kleine beim nächsten Termin einmal mit. Dann schau ich mal, was da los ist.“ Als sie dann da war, hab ich mich zu ihr gesetzt und mich mit ihr unterhalten. Sie erzählte mir, dass vor zwei Jahren so viele Leute gestorben wären. Erst die Oma, dann der Opa und auch noch der Onkel und ihre kleine Katze. Die ganze Familie sei so aufgeregt gewesen. Ich hab einfach korrigiert, was sie mir erzählt hat, alle Auslöser und ihre Gefühle zu diesen Erlebnissen. Von ihrer Mutter habe ich inzwischen gehört, dass sie bis heute keine Blasenentzündung mehr gehabt hat.

Heute sind meine Patienten manchmal schon nach einer Behandlung nahezu beschwerdefrei. Und natürlich hat sich das in unserem Ort wie ein Lauffeuer herumgesprochen! Die Ärzte sind begeistert. Sie fragen zwar nicht nach, was ich genau mache, aber sie wissen, dass ich irgendwie „anders“ behandle, akzeptieren das und schicken mir immer wieder neue Patienten. Meine Kunden wissen, dass ich auch nach den Ursachen ihrer Beschwerden schaue. Während einer Massage spreche ich mit den Menschen und korrigiere parallel dazu, was sie mir erzählen. Und ich sage auch, was in meinen Gedanken dazu auftaucht. Bei einer Cranio Therapie gehe ich in Gedanken still durch den Körper des Patienten und korrigiere intuitiv, was bei mir auftaucht. Ich lasse es ganz entspannt und neutral auf mich zukommen und mische einfach all meine Werkzeuge, so wie es gerade passt. Manchmal stelle ich mir einzelne Organe oder die Wirbelsäule vor meinem geistigen Auge vor und korrigiere das innere Bild in allen Details. Oft brauche ich die angesetzte dreiviertel Stunde nicht, manchmal reichen 20 oder 30 Minuten. Das ist das, was ich will und was ich erwarte von meiner Arbeit – und wonach ich immer gesucht habe: Dass es so schnell geht!

Natürlich korrigiere ich auch im Privatleben alles, was mir in den Sinn kommt. Meine morgendliche Müdigkeit zum Beispiel. Die Krähen in meinem Garten, die mich morgens immer so früh wecken, habe ich wegkorrigiert. Sie wohnen jetzt woanders. Und die Mücken, die mich plagten, stechen mich nur noch selten. Mein Kirschlorbeer, der nicht anwachsen wollte, ist jetzt eine ganz kräftige Pflanze geworden. Insgesamt arbeite ich eigentlich viel mehr für andere, spüre aber, dass ich selbst inzwischen auch viel entspannter und ruhiger geworden bin. Ich gehe nicht mehr so schnell in die Luft und steige nicht mehr ins Drama ein. Dadurch ist auch mein Familienleben viel schöner geworden. Und wenn ich manchmal unruhig bin oder mir die Motivation fehlt, in meine Praxis zu fahren, korrigiere ich mir nette Gespräche, fröhliche Patienten und erfolgreiche Behandlungen. Und genauso ist es dann auch.

Im Gespräch ...

Gila Delbrück: Was bedeutet CQM denn für dich?

CQM ist eine tolle Ergänzung und ich möchte darauf nicht mehr verzichten. Es hat mir viel mehr Lebensqualität und Lebensfreude gebracht. Es ist eine absolute Bereicherung in meinem Leben und ich bin froh, dass ich CQM und die Leute, die damit arbeiten, kennengelernt habe. Ich selbst sehe mich heute ganz anders als noch vor zwei Jahren. Früher hab ich mein Licht unter den Scheffel gestellt. Heute kann ich mich richtig gut finden und mich selbst loben. Dieses neue Wahrnehmen von mir selbst tut mir unglaublich gut!

gut zu wissen

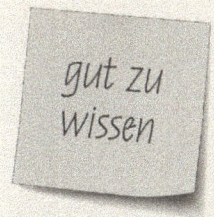

Viele CQM Anwender kombinieren diese Methode mit den Dingen, die sie schon „im Gepäck“ haben - wie die Physiotherapeutin in diesem Beispiel. Die Kombination aus CQM und fachkundiger Bewegung und Berührung hat sich für viele ihrer Patienten als ausgesprochen wirkungsvoll erwiesen. Ihre langjährige Erfahrung in Bezug auf psychisch-emotionale Hintergründe und das Wissen über Anatomie, verbunden mit Empathie und Intuition macht es dieser Therapeutin möglich, die im Körper der Patienten vorhandenen Speicherungen von Schmerz, Stress oder Anspannung während der Behandlung mit CQM zusätzlich zu korrigieren.
Die Effektivität und Qualität der bisherigen (Dienst)-Leistung hat sich dadurch erhöht, die Empfehlungsrate verbessert und sich durch Mundpropaganda zu einem „Lauffeuer“ entwickelt.
Ähnliche Erfahrungsberichte gibt es beispielsweise auch von CQM Anwendern im pädagogischen Bereich, wo die Methode für das Bearbeiten von Lernblockaden und schulischen Problemen eingesetzt wird oder in anderen Berufen, in denen mit branchenspezifischem Fachwissen und CQM die gewünschte Veränderung schneller umgesetzt werden kann.
CQM ist damit für alle Selbständigen ein deutlicher Wettbewerbsvorteil.

Verraten und verkauft

„Andere Länder, andere Sitten“, heißt es. Ob das, was ich als kleines Mädchen erleben musste, im südamerikanischen Heimatland meines Vaters so Sitte war, weiß ich nicht. Aber dass dort nicht immer zimperlich mit Mädchen und Frauen umgegangen wird, weiß ich sicher. Meine deutsche Mutter hatte meinen Vater in Frankfurt kennengelernt und dort auch schon meinen Bruder auf die Welt gebracht. Als ich mich ein paar Jahre später ankündigte, zog es meinen Vater plötzlich nach Lateinamerika zurück. Meine Mutter folgte ihm nur widerwillig, denn sie musste nun in einem Land leben, dessen Sprache und Kultur sie nicht kannte und in dem sie keine eigenen Kontakte hatte. Zu allem Überfluss wurde sie in der alteingesessenen und prominenten Familie ihres Ehemannes nicht freundlich aufgenommen, sondern als Eindringling und Fremde beschimpft und ganz bewusst ausgegrenzt. Meine Geburt verlief außerdem ausgesprochen dramatisch und meine Mutter und ich überlebten nur knapp. Durch dieses Ereignis und durch die gesamte Situation war meine Mutter psychisch labil geworden und völlig überfordert mit zwei kleinen Kindern in der Fremde. Mein Bruder und ich wurden deshalb schon früh innerhalb der Verwandtschaft herumgereicht, weil sie sich lieber um sich selbst und ihren Mann kümmerte. Wir schienen ihr und meinem Vater recht egal zu sein. Ein Gefühl von Geborgenheit, Liebe und Nähe lernte ich auch bei den Verwandten nicht kennen.

Mein Vater baute sich damals eine neue Existenz auf und war deshalb sehr bemüht, Freunde und Kontakte zu gewinnen, die ihm dabei behilflich sein könnten. Er hätte offenbar alles dafür gegeben und kam deshalb sogar auf die perfide Idee, mich – seine Tochter – diesen Männern als „Spielzeug“ zur

Verfügung zu stellen, damit sie ihm Gegenleistungen erbrachten. Ich war tatsächlich erst zwei Jahre alt, als es begann, und es hörte erst Jahre später auf. Berührt werden war für mich immer mit Schmerzen verbunden. Ich musste jederzeit mit Übergriffen rechnen, war wehrlos und hatte keinerlei Rückhalt oder Trost. Ich erinnere mich speziell an zwei dieser Männer. Einer war lustig wie ein Clown, benahm sich wie ein netter Onkel und bezeichnete mich als seine kleine Prinzessin, die er heiraten würde, wenn ich erwachsen sei. Das sei mit meinem Vater so abgesprochen. Der zweite, an den ich mich erinnern kann, war verschlagen, dunkel wie die Nacht und gefährlich wie der Teufel. Seine Kälte und seine Brutalität haben mich noch Jahrzehnte später in Alpträumen verfolgt. Das, was er mit mir machte, war nicht nur Missbrauch, sondern schlimmste Vergewaltigung und das Ausleben seiner krankhaften Perversionen. Die entsetzlichen Schmerzen, die ich durch ihn erlitt, führten dazu, dass ich eines Tages ins Koma fiel und man im Krankenhaus um mein Überleben kämpfen musste. Offenbar kam man dadurch meinem Vater auf die Schliche, denn kurze Zeit später mussten wir nachts um drei völlig überstürzt über die Grenze ins Nachbarland flüchten, damit mein Vater einer gerichtlichen Untersuchung entging. Meine Eltern gaben mir noch Jahrzehnte später die Schuld dafür. Meine Mutter ließ mich ihren Hass spüren, drangsalierte und beschimpfte mich: „Du bist eine Mimose und hältst überhaupt nichts aus!“ und mein Vater sagte: „Du bist so dumm und verstehst überhaupt nichts. Die Leute wollten doch nur mit dir spielen!“

Ich erinnere mich gut an Szenen in den Jahren danach. In Deutschland wäre das Jugendamt eingeschritten, aber in diesem Land gab es das nicht. Meine Mutter versorgte uns widerwillig und stets schlecht gelaunt. Regelmäßige Essenszeiten gab es nicht und Hunger hatten wir oft. Auch mit unserer Bekleidung gab sie sich keine Mühe. Zu allem Überfluss wurden wir regelmäßig in der Schule „vergessen“ statt abgeholt zu werden, oder mussten oft stundenlang bei 40 Grad im Auto auf unsere Eltern warten, während sie bei Freunden oder Geschäftspartnern weilten. Zur täglichen Drangsaliererei gehörte auch, dass mein Bruder mich ungestraft schlagen und beleidigen und sich psychisch, physisch und emotional an mir abreagieren durfte. Meine Mutter hat sich dabei blind gestellt und schon immer alle Schuld auf meinen Vater geschoben. Ich war das schwarze Schaf der Familie – und der Blitzableiter für alles. Schutz, Liebe oder Anerkennung gab es für mich nicht. Niemand griff ein oder half mir. Niemals haben sich meine Eltern entschuldigt oder sich jemals bemüht, freundlich zu mir zu sein. Ich habe seit vielen Jahren keinen Kontakt mehr zu ihnen.

Im Gespräch ...

Gila Delbrück: Wie bist du zu CQM gekommen?

Die Ehe mit meinem ersten Ehemann hat dazu geführt, dass ich mich trotz allen Widerwillens, mir das alles anzuschauen, intensiv mit meiner Vergangenheit auseinandersetzen musste. Ich lebte damals schon in Deutschland, hatte studiert und meinen Beruf aufgegeben, um für meinen Mann und unsere beiden Söhne da zu sein. Er hatte jedoch die gleiche zerstörerische

Energie wie die Männer in meiner Kindheit und spiegelte mir all die Themen, die in mir noch nicht gelöst waren. Nach außen hin zierte er sich mit Freundlichkeit und Prominenz und setzte mir zu Hause hasserfüllt zu, wo immer er konnte. Ich hatte wieder das Gefühl, ums Überleben kämpfen zu müssen. Ich musste unbedingt aus dieser klebrigen und abgründigen Abhängigkeit herauskommen, mich auf eigene Füße stellen und vor allem meine Ängste loswerden. Erste Schritte in dieser Richtung brachten mich zu verschiedenen Therapeutinnen und zu Systemischen Aufstellungen, wo ich viele Zusammenhänge aus meiner Kindheit erkennen und die Hintergründe für das Verhalten meiner Eltern einordnen konnte. Trotzdem steckte ich nach wie vor fest. Mein Kopf konnte sich die Geschehnisse danach zwar erklären, mein Bauch sie aber trotzdem nicht verdauen. Es fühlte sich nicht besser an und es hatte sich offenbar nichts gelöst.

Aber eines Tages erzählte mir jemand von CQM. Mein Leid und mein innerer Stress waren inzwischen so groß, dass ich einfach alles ausprobiert hätte und so buchte ich meine erste Sitzung in der Hoffnung, dass sich dadurch irgendetwas verändern würde. Und tatsächlich war dieses Coaching mit CQM wie ein „Kick Off“ ins neue Leben! Ich spürte: „Das ist genial, was ich da erlebe!“ Mein Coach sagte zu mir „Das ist der Anfang – wenn du dranbleiben willst, lerne es selbst und geh dann in die Praxisgruppen.“ Diesem Rat zu folgen, war eine der besten Entscheidungen meines Lebens!

Das erste halbe Jahr in der Praxisgruppe habe ich nur geweint. Ich war ein einziger Schmerz. Es schrie in mir! Irgendwelche Erinnerungen gab es immer, die mir emotional ganz fürchterlich wehtaten. Dämme brachen und meine unverheilten Wunden, meine Traurigkeit und meine Wut brachen heraus. Ich erinnere mich an eine Praxisgruppe, in der wir gefragt wurden „Was bedeutet für dich Glück?". Es gab von den anderen Teilnehmern Antworten wie „Liebe", „Freundschaft", „Gesundheit" und Ähnliches. Bei mir stand in Großbuchstaben auf dem Zettel: „SICHERHEIT!!!" Es war damals mein höchstes Ziel: dorthin zu kommen, wo ich mich endlich sicher und geborgen fühlen konnte. Ich habe deshalb über längere Zeit auch regelmäßig weitere persönliche Coachings gehabt und intensiv an meiner Vergangenheit gearbeitet.

Das Bearbeiten meiner Traumatisierungen durch die frühen Kindheitserlebnisse war sehr schmerzhaft. Die Konzepte „vom Vater verkauft" und „von der Mutter verraten" waren intensive Korrekturerfahrungen und es war für mich nicht leicht, mich damit auseinanderzusetzen. Das Bewusstwerden dessen, was alles geschehen und mit mir gemacht worden war, brachte Schicht für Schicht weitere Untaten und Schrecken hervor. Stück für Stück erinnerte ich mich an Dinge, die ich aus gutem Grund tief vergraben hatte. Das CQM III Seminar war für mich und meine Themen wirklich Gold wert, denn dort geht es ja auch um Korrekturen für sexuelle Erfahrungen und den eigenen Selbstwert. Das Seminar hat mich um Längen vorangebracht. Außerdem ging es in meinen eigenen Sitzungen sehr viel um Misstrauen und Vertrauen und um das Ziel, als Frau unabhängig von Männern zu sein und Erfolg haben zu dürfen. Wir korrigierten tiefe Verletzungen der weiblichen Ahnenlinie und Einflüsse von tatsächlich berühmt-berüchtigten männlichen Vorfahren, um den Krieg zwischen Mann und Frau, um Unterdrückung und Machtkampf. Da muss es unfassbar viel Gewalt, Blut und Abscheu über das andere Geschlecht gegeben haben. Und es war tatsächlich auch so, dass dies alte „Eheversprechen" von meinem Peiniger auch nochmal in den Korrekturen auftauchte und gelöst werden musste, damit ich wirklich frei war.

Gibt es so etwas wie einen Wendepunkt in deiner Geschichte?

Ich konnte irgendwann ein „Reframing" machen, ein Umschreiben meiner Vergangenheit. Ich sah meine Wut und meine Angst eines Tages mit anderen Augen und habe mich gefragt, ob es etwas gab, das gut an meiner Geschichte war. Plötzlich habe ich meine Vergangenheit akzeptieren und ihr eine neue Bedeutung geben können, denn mir wurde klar, dass mein innerer Kern ja unglaublich stark sein muss. Sonst wäre ich im Laufe der Jahre vielleicht an Drogen geraten oder hätte möglicherweise gar nicht überlebt! Dieser auf mich ausgeübte Druck hat mir praktisch eine Spezialausbildung für Kämpfer schon in der Kindheit zukommen und meine Stärke wachsen lassen. Und mit den Erfahrungen aus dieser Zeit - wie z.B. Dinge durchschauen zu können oder Strategien zu entwickeln - verdiene ich als Analystin heute in meinem Beruf sehr viel Geld.

Wie haben sich deine Beziehungen zu Männern verändert?

Früher waren meine Beziehungen ausgesprochen schwierig, vor allem natürlich deshalb, weil ich niemandem traute und ständig Gefahr witterte. Ich wünschte mir immer Geborgenheit, aber die Angst vor Nähe und Berührung war größer und belastete jede meiner Beziehungen. Zudem zog ich stets Männer an, die genauso mit mir umgingen, wie ich es aus der Kindheit kannte, aber gar nicht haben wollte! Vor allem war die Sexualität aufgrund meiner Erfahrungen überaus abstoßend für mich. Wurde ich von einem Mann angefasst, schrillten meine innerlichen Alarmsignale und ich konnte sie nicht abstellen. Durch die intensive Arbeit mit CQM konnte ich mich aus der Abhängigkeit von meinem Mann lösen, mich auf eigene finanzielle Füße stellen und mich von ihm trennen. Unsere Söhne erziehe ich heute allein. Ich habe inzwischen eine sehr gute Mitte und führe eine sehr erfüllende neue Beziehung. Mein neuer Partner ist völlig anders als die davor – meine Resonanz muss sich also signifikant verändert haben. Er ist aufmerksam und freundlich und er ist der allererste Mann, für den ich überhaupt jemals geschwärmt und in den ich mich verliebt habe. Auch sexuell ist unsere Beziehung für beide Seiten erfüllend. Ich hätte nie für möglich gehalten, dass ich in meinem Leben einmal Sex genießen würde! Es hat viel Arbeit und Tränen gekostet, mich der Vergangenheit zu stellen, aber es hat sich wirklich gelohnt. Ich kann heute vertrauen, Nähe genießen und mich fallen lassen – und heute mag ich Sex – es ist für mich eine wunderbare Möglichkeit, einem Mann nah zu sein und mich ganz als Frau zu fühlen. Ein herrlicher Austausch zwischen Mann und Frau!

Wo setzt du CQM ein?

Ich nutze es überall und ständig, vor allem für mich selbst, aber auch im Beruf. Kleine Korrekturen mit CQM sind für mich an der Tagesordnung. Heute – drei Jahre nach meinem ersten CQM Seminar - triggert mich dadurch kaum noch etwas an und ich gehe sehr entspannt mit Herausforderungen um. Ich stelle auch fest, dass mein Körper alle abgespeicherten Spannungen losgelassen hat, sich täglich verjüngt und immer flexibler wird.

Wie hat sich dein Verhältnis zu anderen Menschen entwickelt?

Ich staune manchmal selbst, wie viel ruhiger und vertrauensvoller ich geworden bin. Das wirkt sich auf alle Beziehungen positiv aus. Anderen Menschen begegne ich inzwischen sehr viel neutraler, verständnisvoller und geduldiger. Das baut auch eine starke Kundenbindung auf. Allerdings fällt es mir häufig schwer, Menschen, die mir nahe stehen, dabei zuzusehen, dass sie selbst in ihren Themen stecken bleiben. Ich kann es manchmal nicht nachvollziehen, dass sie nicht auch mit CQM arbeiten ... oder sich von mir helfen lassen.

Was empfiehlst du den CQM-Neulingen?

Unbedingt regelmäßig mindestens einmal im Monat in die Praxisgruppen gehen! Unbedingt! Ich glaube, das machen viele nicht, weil sie ihr eigenes Leben nicht so genau beschauen wollen. Denn wenn man seine Probleme aktiv selbst löst, bleibt einem eines Tages ja keine Opferrolle mehr. Ich glaube, diese Veränderung scheuen viele. Es ist ja viel bequemer, alles auf andere abzuladen. Für mich war es tröstlich, in den Seminaren und Praxisgruppen Gleichgesinnte zu treffen, die offen über ihre eigenen Belastungen sprachen und sie auch hinter sich lassen wollten. Durch die vertrauensvolle Neutralität in den Gruppen konnte ich deshalb auch über meine Vergangenheit sprechen in der Gewissheit, nicht angegriffen oder dafür bewertet zu werden.

Was bedeutet CQM für dich?

Ich finde, CQM hat ein unglaubliches Potenzial, ins Unterbewusstsein vorzudringen und Belastungen aufzulösen, was – zumindest in meinem Fall – vorher keine andere Technik oder Therapie möglich gemacht hatte. CQM war das, was mir wirklich am schnellsten, effektivsten und spürbarsten geholfen hat. Heute bin ich eine völlig neue Frau geworden: selbstsicher, entspannt, finanziell unabhängig und vor allem glücklich und beziehungsfähig! Und was CQM für mich bedeutet?
The method that changed my life!!
Die Methode, die mein Leben veränderte!!

gut zu wissen

„Eine Methode, die Leben verändert" – diese Aussage würden sicherlich viele Anwender der Chinesischen Quantum Methode bestätigen. Das Neutralisieren von unangenehmen oder extrem schmerzhaften Erfahrungen, das Neugestalten von anerzogenen oder unbewusst übernommenen Verhaltensweisen mit Hilfe von CQM ermöglicht ein völlig neues Selbstverständnis, eine neue Lebensweise und ein leichteres, selbstbestimmtes Lebens- und Körpergefühl, wie diese Geschichte belegt.

Kinder übernehmen zu Beginn ihres Lebens natürlich erst einmal das, was sie von den Eltern und der Familie als das scheinbar einzig richtige Programm kennenlernen. So funktioniert die Welt, so ist das eben. Sie entwickeln gleichzeitig ganz individuelle Überlebensprogramme, um mit den äußeren Gegebenheiten zurechtzukommen und sich den Bedürfnissen und Erwartungen ihres Umfeldes anzupassen, um versorgt und geliebt zu sein. Sie lernen vielleicht auch, brav und fleißig zu sein, keine Probleme zu bereiten und still zu sein.
Und mit dem Aufbau der eigenen Karriere und der eigenen Familienplanung sind sie dann noch viele Jahre später so beschäftigt, dass häufig erst nach Jahrzehnten die Erkenntnis kommt, dass kaum noch etwas davon übrig ist, was hoffnungsvoll als lachendes Baby auf diesem wunderschönen Planeten ins Leben gestartet ist.

„So hab ich mir mein Leben nicht vorgestellt. Es ist höchste Zeit für Veränderung.", höre ich deshalb oft, wenn Klienten zu mir kommen. Manchmal ist dieser Zeitpunkt das, was man früher „Midlife Crisis" nannte, aber man muss und sollte nicht so lange

warten, den eigenen Standort zu bestimmen, überholte Überzeugungen und Verhaltensweisen zu überdenken und über Bord zu werfen.
Neue Ziele zu entwickeln und sein Leben ganz bewusst in die Hand zu nehmen und zu verändern – das ist eine Chance, die sich niemand entgehen lassen sollte.
Eine Chance für nicht weniger als den Beginn eines neuen Lebens.

KONKRETE TIPPS ZUM ERREICHEN IHRER ZIELE

„Bei mir klappt das alles nicht.“, „Das ist alles wegen …“, „Ich kann ja nicht anders …“, „Da kann ich doch nichts dran ändern“, „Schuld sind die anderen!“ und „Wenn meine Eltern damals nicht ..., dann könnte ich ...“.

Einige der Quantenspringer, deren Geschichten Sie gerade gelesen haben, haben früher auch so gedacht. Nachdem sie solche Denkmuster hinter sich ließen, war der Weg frei für ein ganz anderes Lebensgefühl. Denn: Wir können selbst darüber entscheiden, wie wir auf äußere Umstände reagieren und ob wir leiden wollen oder nicht. Für viele CQM Anwender ist der Wendepunkt in ihrem Leben deshalb derjenige, an dem sie erkennen, dass sie handlungsfähig sind und selbst etwas an ihrer Situation verändern können. Es können zwar im ersten Moment dann noch Bedenken entstehen wie „andere lehnen mich ab oder haben mich nicht mehr lieb, wenn ich …“, vielleicht tauchen auch Selbstzweifel oder Unsicherheit auf, aber genau das - und viele weitere, ganz unbewusste Einflüsse – sind dann die Dinge, die mit CQM bearbeitet werden können und oft zu bemerkenswerten Entwicklungen führen.

Die Herausforderungen des täglichen Lebens sind die Chancen, an denen wir wachsen können. Und oft sind diejenigen Menschen, die in uns besonders heftige ungewollte Emotionen auslösen, genau diejenigen, die uns im Leben große

Schritte weiterbringen, denn sie weisen uns auf die Dinge hin, die in uns noch ungelöst sind. Zugegeben – es ist nicht immer einfach, sich in diesen Dingen selbst auf die Schliche zu kommen und eingefahrene Wege zu verlassen. Aber der Weg ist viel versprechend! Wie viel besser könnte es denn Ihnen gehen, wenn Sie sich klar werden würden, wer und was Sie aus Ihrer Ruhe bringt, Ihnen den Tag vermiest und Ihnen die Energie entzieht, die Sie für viel schönere Dinge brauchen könnten!? Und wenn Sie sich darüber klar werden würden und das auch noch ändern könnten … wie wäre das?

„Eine Fahrkarte, bitte!", sagt der Mann mit dem schweren Rucksack zum Bahnbeamten am Fahrkartenschalter. „Wohin soll's denn gehen?", will der wissen. Die Antwort kommt prompt: „Egal, Hauptsache weg hier!" - und so bekommt der Reisende ein Ticket gleich für den nächsten Zug auf Bahnsteig drei. Doch oops!, wo er wohl gelandet sein mag? So ähnlich geht es vielen Menschen, die ohne konkrete Ziele unterwegs sind. Vielleicht ertappen Sie sich auch dabei, dass Sie sich treiben lassen und auf äußere Umstände reagieren, statt selbst konkret zu überlegen, wohin Sie möchten und wie Sie sich fühlen wollen?

Leider fand ich bei meinen Recherchen keine verlässliche Quellenangabe für die vor vielen Jahren durchgeführte Studie der Universität Yale, die vielfach zitiert wird. Aber ich möchte Ihnen die Erkenntnisse dieser Studie nicht vorenthalten, denn die Inhalte sind durchaus überzeugend. Für diese Untersuchung wurden nämlich die Absolventen eines Jahrganges nach ihren ganz persönlichen Zielen befragt. Überraschenderweise hatten nur 3% der Befragten ein klares

Ziel und einen Plan, wie sie dorthin gelangen wollten. 20 Jahre später gaben diese 3% an, glücklicher und zufriedener zu sein als die Gesamtheit der Studienabgänger. Sie wiesen außerdem eine geringere Scheidungsquote auf, waren weniger krank und verfügten über 95% des Vermögens aller Studienabgänger ihres Jahrgangs.

Einer der wesentlichsten Aspekte im Coaching ist deshalb das Ausarbeiten des Zieles, das man erreichen möchte. Das ist nicht immer ganz einfach, aber tatsächlich stehen wir ja in jeder Sekunde unseres Lebens vor Entscheidungen darüber, was wir wirklich wollen. Das geht schon am frühen Morgen los: Aufstehen oder liegenbleiben? Jeans oder Minirock? Kaffee oder Tee? Müsli oder Toast? So weit, so gut, das sind ja noch Entscheidungen meist ohne weitreichende Folgen. Schwieriger wird es dann schon bei der Entscheidung für gute oder schlechte Laune (ja – auch dafür oder dagegen kann man sich ganz bewusst entscheiden – oder korrigieren!), für eine liebevolle Beziehung oder doch lieber für's Kämpfen ums Rechthaben, auf beruflicher Ebene vielleicht darum, den Job zu behalten oder sich einen neuen zu suchen?

Unsere Bewertung von Dingen, Risiken und Konsequenzen macht die Entscheidung für das richtige Ziel oft schwer. Was passiert, wenn ich mich für das eine entscheide - und was, wenn ich die andere Wahl treffe? Gabriele Eckert stellt deshalb im Seminar die Frage „Wem oder was werde ich untreu, wenn ich mein Ziel erreicht habe?" ... und bei genauerer Betrachtung findet sich dann eine Fülle von Argumenten und Gefühlen, die deutlich macht, was uns bewusst und unbewusst davon abhält, unsere Ziele zu erreichen. Verinnerlichte

Verhaltensmuster, eigene oder von den Vorfahren übernommene Glaubenssätze und Überzeugungen, Gefühle und Gedanken über uns selbst und über das Leben haben oft über Jahrzehnte unser inneres Navigationsgerät mit Informationen gefüttert und steuern uns ganz vollautomatisch. CQM ist allerdings für Ihr persönliches Ziel wie ein Update für Ihr Navi und bietet staufreie Fahrt und die kürzeste und angenehmste Verbindung.

Die Arbeit mit der Chinesischen Quantum Methode kann sich auf viele Dinge beziehen – es können ganz kleine Ziele, materielle Wünsche oder sehr große Projekte sein. Vor allem kann es immer dann eingesetzt werden, wenn sich etwas nicht so gut anfühlt oder nicht so gut läuft, wie man sich das wünscht. CQM ermöglicht dadurch vor allem auch den Weg zu den Dingen, die man sich mit Geld nicht kaufen kann, weil sie mit der eigenen Entwicklung zu tun haben und mit der persönlichen Einstellung zum Leben in all seinen Aspekten. Vor allem darum ging es in den Geschichten auf den vergangenen Seiten.

So kommen wir den kleinen und großen Stolpersteinen auf die Spur, die unterwegs auf dem Weg liegen, finden die „Wenns" und „Abers", die unangenehmen Erfahrungen, Ängste und Zweifel - und auch all die unbewussten Einflüsse, von denen wir gar nicht wussten, dass wir sie mit uns herumtrugen - lösen diese auf und erleichtern uns so das Fortkommen.

„CQM ersetzt nicht den gesunden Menschenverstand und nicht das eigene Handeln." Dieses Zitat von Gabriele Eckert kennen alle, die bei ihr im Seminar waren. Korrekturen allein bringen Ihnen nämlich nicht die Million auf das Konto oder die Kunden in Ihr Geschäft. Und auch die Erzähler der Geschichten haben nicht nur korrigiert, sondern auch ganz praktisch gehandelt. Und natürlich hängt das, was es zu tun gibt, vom individuellen Ziel ab. Berufliche Ziele sind da ganz anders als der Umgang mit Ängsten oder Stress in der Familie.

Hier kommen nun ein paar Tipps und Erfahrungen aus der Praxis, wie Sie das Erreichen Ihres ganz persönlichen Ziels auch durch tatkräftiges Tun unterstützen könnten:

Tipp 1: Wollen Sie es wirklich?

Wichtig ist, dass Sie Ihr Ziel wirklich erreichen wollen und dass sich dieses Ziel für Sie so richtig gut anfühlt. Hinterfragen Sie auch die Motivation, die dahinter liegt. Wer außer Ihnen ist noch davon betroffen, ist Ihr Ziel realistisch und aus eigener Kraft erreichbar?

Tipp 2: Bleiben Sie dran!

Kümmern Sie sich über eine Zeit von mindestens vier Wochen jeden Tag eine Viertelstunde darum, ihm ein Stück näher zu kommen. Informieren Sie Ihr Unterbewusstsein damit täglich, dass Sie es wirklich erreichen wollen! Sammeln Sie zum Beispiel Informationen dazu, recherchieren oder meditieren Sie zum Thema oder erinnern Sie sich selbst daran, z.B. durch eine Collage mit Bildern von Ihrem Ziel, mit Klebe-Zetteln am Schminkspiegel oder mit einem ganz speziellen Klingelton für Ihr Handy, der Sie immer daran erinnert, wenn jemand anruft, zum Beispiel „You can get it if you really want“ oder „We are the champions“. So lassen sich auch langjährige Gewohnheiten leichter verändern. Wenn sich irgendetwas daran merkwürdig oder ungut anfühlt oder nicht sofort klappt, kommt natürlich CQM zum Einsatz.

Tipp 3: Träumen Sie ein bisschen!

Nehmen Sie sich jeden Tag ein wenig Zeit dafür, sich auszumalen, wie es sein wird, wenn Sie Ihr Ziel erreicht haben. Was werden Sie dann tun? Wie wird es sich anfühlen? Fühlen und sehen Sie Ihr Ziel! Freuen Sie sich darauf! Lächeln Sie, wenn Sie daran denken! Ihr Unterbewusstsein liebt solche Gedankenspiele!

Tipp 4: Teilen Sie …

größere Projekte auf in Tages-, Wochen- und Monatsziele und behalten Sie das große Ziel wie einen Leuchtturm immer im Blick. Belohnen Sie sich, wenn Sie Etappenziele erreicht haben.

Tipp 5: Lassen Sie sich kritisieren!

Ja wirklich! Lassen Sie sich von guten Freunden eine ehrliche Rückmeldung darüber geben, wo Ihre „blinden Flecken“ sind. Wie wirken Sie auf andere? Vielleicht haben Sie Angewohnheiten, die Ihrem Ziel im Weg stehen und die Ihnen überhaupt nicht bewusst sind? Seien Sie deshalb dankbar für konstruktive Kritik und nutzen Sie sie als Chance für Ihre persönliche Entwicklung und die nächsten Schritte.

Tipp 6: Vergleichen Sie sich nicht,

aber holen Sie sich Anregungen, die Ihren Blickwinkel verändern und Ihnen Inspiration für Ihre eigene Entwicklung geben könnten. Was tun andere, die in Ihrem Beruf erfolgreich sind? Was tun Menschen, die aus einer ähnlichen Situation herausgekommen sind? Was können Sie von ihnen lernen und für sich selbst umsetzen? Seien Sie dabei aber vorsichtig, dass Sie keine Kopie von jemand anderem werden. Authentizität, selbst erstellte Texte für Ihr Werbematerial und das Leben des eigenen Potenzials sind um ein Vielfaches besser. Auch SIE sind einzigartig!

Tipp 7: Was hat das mit Ihnen zu tun?

Seien Sie ehrlich zu sich selbst und erkennen Sie auch den eigenen Anteil, der zu einer Situation beigetragen hat. Welche Erwartungen haben Sie an andere? Und welche an sich selbst? Sind Sie kompromissbereit, gehen Sie gnädig mit sich selbst und anderen um, oder finden Sie immer ein Haar in der Suppe und sehen mehr das Negative als das Positive?
„The Work" von Byron Katie ist eine Arbeit, die sich mit CQM sehr gut verbinden lässt. Sie unterstützt dabei, den Blickwinkel zu verändern, hinderliche Gedankengänge aufzuspüren und gleichzeitig zu korrigieren.
Mehr dazu unter www.thework.com/de.
Wenn es um die Beziehungen zu anderen Menschen geht,

beobachten Sie sich deshalb selbst genau und fangen Sie mit den Korrekturen immer bei sich selbst an. Denken Sie daran, dass alles, worüber Sie sich bei anderen Menschen ärgern, immer etwas mit Ihnen zu tun hat – das so genannte Resonanzgesetz gibt vielfältige Hinweise auf Ihre ganz eigenen ungelösten Themen.
Fragen Sie sich auch einmal, was Sie bereit sind zu geben, damit eine Beziehung besser werden kann. Wie viel Aufmerksamkeit schenken Sie Ihrem Partner, wie geduldig sind Sie mit Ihren Kindern? Würden Sie sich selbst heiraten? Hätten Sie sich selbst gern als Mutter oder als Freundin? Was tun Sie dafür, beruflich erfolgreich zu sein? Würden Sie bei sich selbst kaufen oder einen Termin bei sich buchen? Falls nein - warum nicht? Worum drücken Sie sich? Welche Eigenschaften müssten Sie haben, damit alles besser funktioniert?

Tipp 8: Investieren Sie!

Und zwar in sich selbst! Das kann finanziellen oder zeitlichen Einsatz bedeuten. Erhöhen Sie zum Beispiel für die berufliche Zielsetzung Ihre fachliche Kompetenz durch Fortbildungen, bringen Sie sich technisch auf den neuesten Stand, verbessern Sie Ihr Erscheinungsbild durch eine professionelle Beratung, besuchen Sie einen Knigge-Kurs oder ein Rhetorik-Seminar, achten Sie auf Ihre Ernährung und ein regelmäßiges Fitness-Programm.
Lassen Sie sich von Fachleuten beraten, wann immer es praktische und fachbezogene Unterstützung braucht. Werden Sie zur besten Version Ihrer selbst, damit Sie zu Ihrem Ziel passen!

Tipp 9: Sorgen Sie für sich selbst

und dafür, dass Sie sich gut fühlen! Beobachten Sie einmal, was Ihre Zeit- und Energiefresser sind. Wo können Sie unnötige Dinge beschleunigen oder unterlassen, damit Sie mehr „quality time" für sich selbst gewinnen? Umgeben Sie sich mit Menschen, die Sie aufbauen. Füttern Sie Ihre Seele mit Glücksmomenten, lesen Sie inspirierende Bücher und schauen Sie sich Filme an, die Ihren Horizont erweitern und Ihnen neue Blickwinkel bescheren. „Wer immer tut, was er schon kann, bleibt immer das, was er schon ist", soll Henry Ford gesagt haben. Deshalb sorgen Sie für Lebendigkeit in Ihrem Leben, wagen Sie Neues und mehr von dem, was Ihr Gesicht zum Strahlen bringt!

Tipp 10: Machen Sie sich eine Liste …

Ihrer Ressourcen. Was können Sie gut? Mit welchen Fähigkeiten haben Sie schon einmal Erfolg gehabt? Wann strahlen Sie - wann sind Sie richtig begeistert? Welche Menschen können Ihnen behilflich sein, wenn Sie fest stecken – mit praktischer Unterstützung oder kreativen Lösungen?

Tipp 11: Nutzen Sie …

CQM immer dann, wenn etwas nicht so läuft, wie Sie es gern hätten. In akuten Stress-Situationen, im beruflichen Bereich, bei allen Projekten oder Wünschen, in Beziehungen mit Freunden, Familienangehörigen, Chefs, Mitarbeitern oder Kollegen - und vor allem immer dann, wenn es um SIE SELBST geht!

Tipp 12: Und manchmal …

… braucht es auch einen Blick von außen durch einen neutralen Dritten, Berater oder Coach, und vielleicht auch zusätzliche Tools, wie z.B. die Systemischen Aufstellungen oder Module aus dem NLP, die in Kombination mit CQM ein Turbo für Ihre eigene Entwicklung sein können.

ZU GUTER LETZT …

Ich weiß: Viele Leser beginnen mit der letzten Seite zuerst. Ich möchte Sie trotzdem gern dazu auffordern, lieber ganz vorne zu beginnen. Sie würden sonst nämlich eine Menge verpassen, vor allem diese zwanzig berührenden Geschichten von Menschen, die sich aufgemacht haben, ihre Begrenzungen hinter sich zu lassen und das Beste aus ihrem Leben zu machen. Diese Menschen erzählen ihre ganz persönlichen Lebenswege, berichten von der eigenen Verletzlichkeit, Fehlschlägen und prägenden Kindheitserfahrungen, um SIE daran teilhaben zu lassen und IHNEN Mut und Hoffnung zu machen für einen Weg zu einem glücklicheren Lebensgefühl.

Jeder von uns ist ein kleines Wunder – und SIE auch! - einzigartig und unverwechselbar, mit einem ganz einmaligen, unvergleichlichen Potenzial. Wie beim Schleifen und Polieren eines rohen Edelsteins bis hin zum funkelnden Diamanten braucht die Arbeit an sich selbst auch Zeit, Geduld und sorgfältige Pflege, damit dies Potenzial und der ganz persönliche Glanz sichtbar wird und optimal zur Geltung kommt. Ich arbeite mit meinen Klienten deshalb sehr achtsam, diskret und wertschätzend und freue mich darüber, dass mir diese Menschen oft über Jahre Vertrauen entgegenbringen. Sie lassen mich dadurch teilhaben an ihren Sorgen, Nöten und der eigenen Entwicklung, aber ebenso an ihren Erfolgen und ihrer Freude. Mich berührt es immer wieder ganz besonders, wenn durch diese Arbeit Frieden in Familien einkehrt, es Kindern besser geht, Lebensträume wahr werden und Menschen sorgenfrei und erfüllt leben können.

Ich bin dankbar, durch meine eigene Erfahrung und meine Arbeit einen Teil dazu beitragen zu können und miterleben zu dürfen, wie sich das Leben von Menschen verändert und sie Quantensprünge machen.

Für mich ganz persönlich ist CQM nicht weniger als der Schlüssel zum Glück.
Und was ist mit Ihnen – wären Sie nicht auch gern glücklicher?
Werden Sie doch auch ein Quantenspringer!

SCHLUSSWORT UND DANK

Ich bedanke mich von Herzen

... an erster Stelle bei all denjenigen, die mir für dieses Buchprojekt ihr Vertrauen geschenkt, mir ihre ganz private Geschichte in aller Offenheit erzählt haben und dieses Buch dadurch erst ermöglicht haben.

... bei den Menschen, die ich seit Jahren als Coach begleiten darf – diesen Menschen, die sich ihren Themen stellen, an der gewünschten Veränderung auch tatkräftig arbeiten und mich an ihrer Freude teilhaben lassen, wenn sich kleine und große Erfolge zeigen.

... bei all denen, die mich gelehrt, inspiriert und unterstützt haben und mit deren Hilfe ich zu der werden durfte, die ich heute bin.

... für all die schönen, aber vor allem auch für die unangenehmen Situationen und Begegnungen meines Lebens, die mich haben wachsen lassen und mir einen großen Erfahrungsschatz ermöglicht haben, aus dem ich heute schöpfen kann, um anderen Menschen zur Seite zu stehen.

... bei Gabriele Eckert, die viel zu meinem persönlichen Quantensprung beigetragen hat und so viel möglich macht durch ihren unermüdlichen persönlichen Einsatz.

... bei Karin Hafen und Thomas Stocker, die mich gefordert und gefördert, mir Mut gemacht und Vertrauen geschenkt haben. Sie leben mir vor, was Neutralität und Professionalität sind und was es heißt, das Herz auf dem richtigen Fleck zu haben.

... bei meinem Netzwerk guter und kompetenter Freunde, das mich in allen meinen Projekten tatkräftig und liebevoll unterstützt und mir auch bei diesem Buch mit eigenen Erfahrungen und umfangreichem Wissen zur Seite gestanden hat.

... bei meiner absoluten „Nummer Eins"! Meiner Familie nämlich, die immer für mich da ist und all meine Wandlungen und Projekte manchmal staunend, aber immer aus vollem Herzen unterstützend begleitet - meine wunderbaren, inzwischen erwachsenen Kinder und mein Ehemann Harry. Wir beide haben uns bei unserer Hochzeit vor 37 Jahren versprochen, dass dieses gemeinsame Leben nicht langweilig würde.
Und genau so haben wir es erlebt ... denn Vorstellung ist Wirklichkeit.

Und es wird von Tag zu Tag besser.

HINWEISE ZU CQM:

Die in diesem Buch geschilderten Erlebnisse geben das ganz persönliche Erleben und die individuelle Meinung der Interviewpartner wieder. Alle Erzähler dieser Geschichten handeln jederzeit in voller Eigenverantwortung. CQM ersetzt nicht die Behandlung beim Arzt, Psychologen oder Therapeuten und stellt keinen Ersatz für psychologischen oder medizinischen Rat dar. Weder die Autorin noch Gabriele Eckert als Begründerin von CQM beabsichtigen, Diagnosen zu stellen oder Therapieempfehlungen zu geben. Für eventuelle Nachteile oder Schäden, die auf den in diesem Buch gegebenen Impulsen oder Eindrücken resultieren, wird keine Haftung übernommen.

Informationen zur Chinesischen Quantum Methode finden Sie unter **www.cqm-hypervoyager.de**

BÜCHER VON GABRIELE ECKERT

„Wenn Fische fliegen ..."
Die Chinesische Quantum Methode
Verlag Weitersein
€ 16,95

„Erfolg 2.0"
Erst die Bremse lösen, dann Gas geben
Verlag Weitersein
€ 18,95

Über die Autorin

Schon als Jugendliche belegte ich Psychologiekurse, interessierte mich für alternative Heilmethoden und war immer auf der Suche nach den Hintergründen der Dinge, die ich erlebte, denn meine eigene Kindheit war geprägt durch die schwere körperliche und psychische Krankheit meines Vaters und die Folgen, die sich für alle Beteiligten daraus ergaben. Ich hatte gelernt, still zu sein, zu funktionieren und verlernt, meine Gefühle überhaupt zu spüren. Irgendwann wurde mir klar, dass ich eigentlich gar nicht wusste, wer ich wirklich war und was ich selbst wollte.

Persönliche Krisen und schmerzhafte Erfahrungen haben mich jedoch immer wieder aufgerüttelt und mir deutlich gemacht, dass ich mich selbst begrenzte und viele ungelöste Themen meiner Kindheit noch immer mein Verhalten bestimmten. Jahrzehnte habe ich daran gearbeitet, mich aus diesen alten Mustern zu lösen. Ich las unzählige Bücher, besuchte Seminare, Heiler und Therapeuten. Doch erst die Chinesische Quantum Methode hat mir meinen persönlichen Quantensprung ermöglicht. Durch sie habe ich selbst erlebt, dass es möglich ist, sich jederzeit im Leben dafür zu entscheiden, eingeschlagene Wege zu verlassen, mit mehr Leichtigkeit und Freude zu leben und viel mehr Potenzial in sich zu erwecken, als man denkt.

Mein Leben ist heute viel schöner, als ich es mir früher hätte

vorstellen können. Ich lebe sehr viel bewusster als früher, fühle mich sehr viel lebendiger und kraftvoller, genieße jeden Tag und stehe deshalb jeden Morgen mit einem Lächeln auf. Aus Sorgenfalten sind Lachfalten geworden - und seit ich mit CQM arbeite, bin ich kaum noch krank gewesen und fühle mich topfit.
Ich bin Mutter von zwei erwachsenen Kindern, seit mehr als 30 Jahren glücklich verheiratet und ebenso lange erfolgreich selbständig. In meiner Arbeit als Coach und Beraterin habe ich meine persönliche Berufung gefunden.

Die Inhalte der vielen Seminare und Ausbildungen sowie die Erfahrungen als Ehefrau, Mutter und erfolgreiche Unternehmerin bringe ich in meine Arbeit mit ein und verbinde dabei Kopf und Herz, Verstand und Gefühl, Spiritualität und Intuition und begleite seit vielen Jahren Menschen in Krisensituationen und bei Herausforderungen aller Art auf dem Weg zu sich selbst.

Meine Klienten unterstütze ich dabei, belastende Themen, Erinnerungen und Probleme aus anderen Blickwinkeln anzugehen, Ursachen zu erkennen und zu neutralisieren. Sie werden dadurch sensibilisiert für neue Perspektiven und für den nächsten Schritt, können Denkschleifen durchbrechen und ihre Leichtigkeit und das Vertrauen in sich selbst zurückgewinnen.

Themen in meiner Praxis sind beispielsweise das Erleichtern von Belastungen aller Art, das Neutralisieren von Konflikten und Ängsten, Beziehungsprobleme beruflicher und privater Art, das Umsetzen kleiner und großer Wünsche und Projekte, Neuorientierung und Entscheidungen, Persönlichkeitsentwicklung und Veränderungsprozesse im Privat- und Berufsleben. Mit mir kann man über alles sprechen – vor allem auch über Themen, über die man sich noch nie zu sprechen traute. Diskretion ist selbstverständlich.

Ich arbeite seit vielen Jahren in eigener Praxis in Hamburg, und durch die universell einsetzbare Arbeitsweise auch telefonisch und per skype mit Klienten zum Beispiel in Portugal, Australien und Hawaii.

Vielleicht möchten Sie wissen, was diese Methode für SIE ganz persönlich oder für Ihren beruflichen Bereich bedeuten könnte oder wann und wo Sie es lernen können? Ich freue mich auf Ihren Anruf.

Natürlich bin ich auch als Coach gern an Ihrer Seite, wenn Sie selbst zum Quantensprung ansetzen möchten oder sich Unterstützung bei den kleinen oder großen Herausforderungen des Alltags wünschen.

So erreichen Sie mich:

Quantensprünge
Coaching

Gila Delbrück
Coaching mit Quantensprüngen
Berner Weg 49a
D-22393 Hamburg
Tel.: 040. 601 06 56
info@quantenspruenge.net
www.quantenspruenge.net